Inteligência Artificial

A Breve História da Aprendizagem Profunda, Algoritmos, Processamento de Linguagem Natural, Redes Neurais Artificiais e Ferramentas como ChatGPT, Dall-E e Mais

Isenção de responsabilidade

Copyright 2023 - *Todos os direitos reservados*

Este documento visa fornecer informações exatas e confiáveis em relação ao tema e à questão abordada. A publicação é vendida com a idéia de que a editora não é obrigada a prestar serviços de contabilidade, oficialmente permitidos ou de outra forma qualificados. Se for necessário aconselhamento, legal ou profissional, um indivíduo praticante da profissão deve ser ordenado - a partir de uma Declaração de Princípios que foi aceita e aprovada igualmente por um Comitê da Ordem dos Advogados Americana e um Comitê de Editores e Associações.

De forma alguma é legal reproduzir, duplicar ou transmitir qualquer parte deste documento em meios eletrônicos ou em formato impresso. A gravação desta publicação é estritamente proibida e qualquer armazenamento deste documento não é permitido, a menos que com permissão por escrito da editora. Todos os direitos reservados.

A apresentação das informações é sem contrato ou qualquer tipo de garantia. As marcas que são utilizadas são sem qualquer consentimento, e a publicação da marca é sem permissão ou respaldo do proprietário da marca. Todas as marcas registradas e marcas dentro deste livro são apenas para fins de esclarecimento e são de propriedade dos próprios proprietários, não afiliados a este documento. Não encorajamos qualquer abuso de substâncias e não podemos ser considerados responsáveis por qualquer participação em atividades ilegais.

1

Introdução

A inteligência artificial (IA) é a inteligência que percebe, sintetiza e deduz informação - demonstrada por máquinas, em oposição à inteligência exibida por animais e humanos não humanos. Exemplos de tarefas nas quais isto é feito incluem o reconhecimento da fala, visão computadorizada, tradução entre línguas (naturais), bem como outros mapeamentos de entradas.

As aplicações de IA incluem mecanismos avançados de busca na web (por exemplo, Google Search), sistemas de recomendação (usados pelo YouTube, Amazon e Netflix), compreensão da fala humana (como Siri e Alexa), carros que se dirigem sozinhos (por exemplo, Waymo), ferramentas generativas ou criativas (ChatGPT e AI art), tomada de decisão automatizada e competição ao mais alto nível em sistemas de jogo estratégicos (como xadrez e Go).

medida que as máquinas se tornam cada vez mais capazes, tarefas consideradas como requerendo "inteligência" são freqüentemente removidas da definição de IA, um fenômeno conhecido como o efeito da IA. Por exemplo, o reconhecimento de caráter óptico é freqüentemente excluído das coisas consideradas como IA, tendo se tornado uma tecnologia de rotina.

A inteligência artificial foi fundada como uma disciplina acadêmica em 1956, e nos anos que se seguiram ela experimentou várias ondas de otimismo, seguidas pela decepção e a perda de financiamento (conhecida como "AI winter"), seguida por novas abordagens, sucesso e financiamento renovado. A pesquisa de IA tentou e descartou muitas abordagens diferentes, incluindo a simulação do cérebro, modelagem da solução de problemas humanos, lógica formal, grandes bancos de dados de conhecimento, e imitação do comportamento animal. Nas primeiras décadas do século 21, o aprendizado de máquinas altamente matemáticas e estatísticas dominou o campo, e esta técnica provou ser altamente bem-sucedida, ajudando a resolver muitos problemas desafiadores na indústria e na academia.

Os vários subcampos da pesquisa de IA estão centrados em torno de objetivos particulares e o uso de ferramentas particulares. Os objetivos tradicionais da pesquisa de IA incluem raciocínio, representação do conhecimento,

3

planejamento, aprendizagem, processamento da linguagem natural, percepção e a capacidade de mover e manipular objetos. A inteligência geral (a capacidade de resolver um problema arbitrário) está entre os objetivos de longo prazo do campo. Para resolver estes problemas, os pesquisadores de IA adaptaram e integraram uma ampla gama de técnicas de solução de problemas, incluindo busca e otimização matemática, lógica formal, redes neurais artificiais, e métodos baseados em estatística, probabilidade e economia. A IA também recorre à informática, psicologia, lingüística, filosofia e muitos outros campos.

O campo foi fundado na suposição de que a inteligência humana "pode ser descrita com tanta precisão que uma máquina pode ser feita para simulá-la". Isto levantou argumentos filosóficos sobre a mente e as conseqüências éticas da criação de seres artificiais dotados de inteligência humana; estas questões já foram exploradas por mitos, ficção e filosofia desde a antiguidade. Desde então, cientistas da computação e filósofos têm sugerido que a IA pode tornar-se um risco existencial para a humanidade se suas capacidades racionais não forem direcionadas para objetivos benéficos. O termo

4

inteligência artificial também tem sido criticado por
hipnotizar em demasia as verdadeiras capacidades
tecnológicas da IA.

Tabela de conteúdo

A história da IA

A história da inteligência artificial (IA) começou na antiguidade, com mitos, histórias e rumores de seres artificiais dotados de inteligência ou consciência por mestres artesãos. As sementes da IA moderna foram plantadas por filósofos que tentaram descrever o processo do pensamento humano como a manipulação mecânica dos símbolos. Este trabalho culminou com a invenção do computador digital programável nos anos 40, uma máquina baseada na essência abstrata do raciocínio matemático. Este dispositivo e as idéias por trás dele inspiraram um punhado de cientistas a começar a discutir seriamente a possibilidade de construir um cérebro eletrônico.

O campo da pesquisa AI foi fundado em uma oficina realizada no campus do Dartmouth College, EUA, durante o verão de 1956. Aqueles que compareceram se tornariam os líderes da pesquisa de IA por décadas. Muitos deles previram que uma máquina tão inteligente quanto um ser humano existiria em não mais que uma geração, e receberam milhões de dólares para tornar esta visão realidade.

13

Eventualmente, tornou-se óbvio que os desenvolvedores e pesquisadores comerciais haviam subestimado grosseiramente a dificuldade do projeto. Em 1974, em resposta às críticas de James Lighthill e à pressão contínua do congresso, os governos americano e britânico pararam de financiar pesquisas indesejadas sobre inteligência artificial, e os anos difíceis que se seguiram seriam mais tarde conhecidos como um "inverno AI". Sete anos depois, uma iniciativa visionária do governo japonês inspirou os governos e a indústria a fornecer inteligência artificial com bilhões de dólares, mas no final dos anos 80 os investidores ficaram desiludidos e retiraram o financiamento novamente.

O investimento e o interesse em IA aumentaram nas primeiras décadas do século 21, quando o aprendizado de máquinas foi aplicado com sucesso a muitos problemas na academia e na indústria devido a novos métodos, à aplicação de poderosos equipamentos de informática e à coleta de imensos conjuntos de dados.

Mitos e lendas

14

Na mitologia grega, Talos era um gigante construído em bronze que atuava como guardião da ilha de Creta. Ele atirava pedras nos navios dos invasores, e completava 3 circuitos ao redor do perímetro da ilha diariamente. Segundo a *Bibliotheke* de pseudo-Apollodorus, Hefesto forjou Talos com a ajuda de um ciclopes e apresentou o autômato como um presente para Minos. Na Argonáutica, Jasão e os Argonautas o derrotaram por meio de um único plugue perto de seu pé que, uma vez removido, permitiu que o ichor vital saísse de seu corpo e o deixou inanimado.

Pygmalion foi um lendário rei e escultor da mitologia grega, famoso representado nas *Metamorfoses de* Ovídio. No 10º livro do poema narrativo de Ovid, Pygmalion fica enojado com as mulheres quando testemunha a forma como os Propoetistas se prostituem. Apesar disso, ele faz oferendas no templo de Vênus pedindo à deusa que lhe traga uma mulher como uma estátua que ele esculpiu. O mais antigo relato escrito sobre o golem é encontrado nos escritos de Eleazar ben Judah of Worms, no início do século XIII. Durante a Idade Média, acreditava-se que a animação de um Golem podia ser alcançada pela inserção de um pedaço de papel com qualquer nome de Deus, na

15

boca da figura de barro. Ao contrário dos lendários autômatos como Brazen Heads, um Golem era incapaz de falar.

Meios alquímicos de inteligência artificial

Em *Of the Nature of Things*, escrito pelo alquimista nascido na Suíça, Paracelsus, ele descreve um procedimento que ele afirma poder fabricar um "homem artificial". Ao colocar o "esperma de um homem" em esterco de cavalo, e alimentando-o com o "Arcano de sangue de Mans" após 40 dias, a mistura se tornará uma criança viva. *Takwin*, a criação artificial da vida, foi um tópico freqüente dos manuscritos alquímicos Ismaili, especialmente aqueles atribuídos a Jabir ibn Hayyan. Os alquimistas islâmicos tentaram criar uma ampla gama de vida através de seu trabalho, desde plantas até animais. Em Fausto: A Segunda Parte da Tragédia de Johann Wolfgang von Goethe, um homúnculo alquimicamente fabricado, destinado a viver para sempre no frasco em que ele foi feito, tenta nascer em um corpo humano completo. Ao iniciar esta transformação, no entanto, o frasco se estilhaça e o homúnculo morre.

Ficção moderna

No século XIX, idéias sobre homens artificiais e máquinas pensantes foram desenvolvidas na ficção, como no *Frankenstein* de Mary Shelley ou no Karel Čapek's *R.U.R. (Rossum's Universal Robots)*, e especulações, como o "Darwin entre as Máquinas" de Samuel Butler, e em instâncias do mundo real, incluindo o "Jogador de Xadrez Maelzel" de Edgar Allan Poe.AI tornou-se um tópico regular de ficção científica através do presente.

Automata

Autômatos humanóides realistas foram construídos por artesãos de todas as civilizações, incluindo Yan Shi, Herói de Alexandria, Al-Jazari, Pierre Jaquet-Droz, e Wolfgang von Kempelen. Os mais antigos autômatos conhecidos eram as estátuas sagradas do antigo Egito e da Grécia. Os fiéis acreditavam que o artesão tinha imbuído estas figuras de mentes muito reais, capazes de sabedoria e emoção - Trismegisto escreveu que "ao descobrir a verdadeira natureza dos deuses, o homem foi capaz de reproduzi-la".

17

Durante o início do período moderno, dizia-se que estes lendários autômatos possuíam a capacidade mágica de responder às perguntas que lhes eram feitas. O falecido alquimista e erudito medieval Roger Bacon teria fabricado uma cabeça descarada, tendo desenvolvido uma lenda de ter sido um feiticeiro. Estas lendas eram semelhantes ao mito norueguês da cabeça de Mímir. Segundo a lenda, Mímir era conhecido por seu intelecto e sabedoria, e foi decapitado na Guerra Æsir-Vanir. Diz-se que Odin "embalsamou" a cabeça com ervas e falou encantamentos sobre ela de tal forma que a cabeça de Mímir permaneceu capaz de falar sabedoria a Odin. Odin, então, manteve a cabeça perto dele para aconselhamento.

Raciocínio formal

A inteligência artificial se baseia na suposição de que o processo do pensamento humano pode ser mecanizado. O estudo do raciocínio mecânico - ou "formal" - tem uma longa história. Os filósofos chineses, indianos e gregos desenvolveram métodos estruturados de dedução formal no primeiro milênio a.C. Suas idéias foram desenvolvidas ao longo dos séculos por filósofos como Aristóteles (que fez uma análise formal do silogismo), Euclides (cujos

18

Elementos eram um modelo de raciocínio formal), al-Khwārizmī (que desenvolveu a álgebra e deu seu nome ao "algoritmo") e filósofos escolásticos europeus como William of Ockham e Duns Scotus.

O filósofo espanhol Ramon Llull (1232-1315) desenvolveu várias *máquinas lógicas* dedicadas à produção do conhecimento por meios lógicos; Llull descreveu suas máquinas como entidades mecânicas que poderiam combinar verdades básicas e verdades inegáveis através de operações lógicas simples, produzidas pela máquina através de significados mecânicos, de modo a produzir todo o conhecimento possível. O trabalho de Llull teve uma grande influência sobre Gottfried Leibniz, que reelaborou suas idéias.

No século XVII, Leibniz, Thomas Hobbes e René Descartes exploraram a possibilidade de que todo pensamento racional pudesse ser feito de forma tão sistemática quanto álgebra ou geometria. Hobbes escreveu com fama no *Leviatã*: "a razão não é nada mais do que o cálculo". Leibniz idealizou uma linguagem universal de raciocínio, a *caracteristica universalis*, que reduziria a argumentação ao cálculo para que "não houvesse mais necessidade de disputa entre dois filósofos do que entre dois contadores". Pois bastaria levar seus lápis na mão, até suas lâminas, e dizer um ao outro (com um amigo como testemunha, se eles gostassem): Vamos *calcular*". Estes filósofos tinham começado a articular a hipótese do sistema de símbolos físicos que se tornaria a fé guia da pesquisa da IA.

No século XX, o estudo da lógica matemática forneceu o avanço essencial que fez com que a inteligência artificial parecesse plausível. As bases haviam sido estabelecidas por obras como Boole's *The Laws of Thought* e Frege's *Begriffsschrift*. Construindo sobre o sistema da Frege, Russell e Whitehead apresentaram um tratamento formal dos fundamentos da matemática em sua obra-prima, o *Principia Mathematica,* em 1913. Inspirado pelo sucesso de Russell, David Hilbert desafiou os matemáticos dos anos 1920 e 30 a responderem a esta pergunta fundamental: "pode todo raciocínio matemático ser formalizado?" Sua pergunta foi respondida pela prova de incompletude de Gödel, pela máquina de Turing e pelo cálculo Lambda da Igreja.

A resposta deles foi surpreendente de duas maneiras. Primeiro, eles provaram que havia, de fato, limites para o que a lógica matemática poderia realizar. Mas segundo (e mais importante para a IA), seu trabalho sugeria que, dentro destes limites, *qualquer* forma de raciocínio matemático poderia ser mecanizado. A tese Igreja-Turing implicava que um dispositivo mecânico, misturando símbolos tão simples quanto 0 e 1, poderia imitar qualquer processo concebível de dedução matemática. A principal percepção foi a máquina Turing - uma construção teórica simples que capturou a essência da manipulação de símbolos abstratos. Esta invenção inspiraria um punhado de cientistas a começar a discutir a possibilidade de pensar em máquinas.

Informática

Máquinas de cálculo foram construídas na antiguidade e
melhoradas ao longo da história por muitos matemáticos,
22

incluindo (mais uma vez) o filósofo Gottfried Leibniz. No início do século XIX, Charles Babbage projetou um computador programável (o Motor Analítico), embora nunca tenha sido construído. Ada Lovelace especulou que a máquina "poderia compor peças elaboradas e científicas de música de qualquer grau de complexidade ou extensão". (Ela é freqüentemente creditada como a primeira programadora por causa de um conjunto de notas que ela escreveu que detalham completamente um método para calcular números Bernoulli com o Motor).

Depois de Babbage, embora a princípio desconhecesse seu trabalho anterior, foi Percy Ludgate, funcionário de um comerciante de milho em Dublin, Irlanda. Ele projetou independentemente um computador mecânico programável, que ele descreveu em uma obra que foi publicada em 1909.

Dois outros inventores, Leonardo Torres y Quevedo e Vannevar Bush, também seguiram pesquisas baseadas no trabalho de Babbage.

Em seus *Essays on Automatics* (1913), Torres projetou uma máquina de cálculo do tipo Babbage que utilizava peças eletromecânicas que incluíam representações numéricas de ponto flutuante e construiu um protótipo em 1920. Torres também é conhecida por ter construído em 1912 uma máquina autônoma capaz de jogar xadrez, *El Ajedrecista*. Ao contrário da máquina operada por humanos The Turk e Ajeeb, *El Ajedrecista* (O Jogador de Xadrez) era um verdadeiro autômato que podia jogar xadrez sem orientação humana. Ele só jogava um jogo final com três peças de xadrez, movendo automaticamente um rei branco e uma torre para fazer xeque-mate ao rei negro movido por um oponente humano.

A *Análise Instrumental de* papel de Vannevar Bush (1936) discutiu usando as máquinas de cartões perfuradores IBM existentes para implementar o projeto da Babbage. No mesmo ano, ele iniciou o projeto da Máquina Aritmética Rápida para investigar os problemas de construção de um computador digital eletrônico.

Os primeiros computadores modernos foram as máquinas de quebrar códigos da Segunda Guerra Mundial (como Z3, ENIAC e Colossus). Estas duas últimas máquinas foram baseadas nos fundamentos teóricos lançados por Alan Turing e desenvolvidos por John von Neumann.

24

O nascimento da inteligência artificial 1952-1956

Nos anos 40 e 50, um punhado de cientistas de diversas áreas (matemática, psicologia, engenharia, economia e ciência política) começou a discutir a possibilidade de criar um cérebro artificial. O campo da pesquisa de inteligência artificial foi fundado como uma disciplina acadêmica em 1956.

Cibernética e redes neurais precoces

As primeiras pesquisas sobre máquinas de pensamento foram inspiradas por uma confluência de idéias que se tornou predominante no final dos anos 30, 40 e início dos anos 50. Pesquisas recentes em neurologia haviam mostrado que o cérebro era uma rede elétrica de neurônios que disparava em pulsos de tudo ou nada. A cibernética de Norbert Wiener descreveu o controle e a estabilidade em redes elétricas. A teoria da informação de Claude Shannon descreveu sinais digitais (ou seja, sinais do tudo ou nada). A teoria de computação de Alan Turing mostrou que qualquer forma de computação poderia ser descrita digitalmente. A estreita relação entre estas idéias sugeria que poderia ser possível construir um cérebro eletrônico.

Exemplos de trabalho nesta veia incluem robôs como as tartarugas de W. Grey Walter e a Besta Johns Hopkins. Estas máquinas não utilizavam computadores, eletrônica digital ou raciocínio simbólico; elas eram controladas inteiramente por circuitos analógicos.

Walter Pitts e Warren McCulloch analisaram as redes de neurônios artificiais idealizados e mostraram como eles poderiam desempenhar funções lógicas simples em 1943. Eles foram os primeiros a descrever o que mais tarde os pesquisadores chamariam de rede neural. Um dos estudantes inspirados por Pitts e McCulloch era um jovem Marvin Minsky, então um estudante de pós-graduação de 24 anos. Em 1951 (com Dean Edmonds) ele construiu a primeira máquina de rede neural, a SNARC.Minsky deveria se tornar um dos mais importantes líderes e inovadores em IA para os próximos 50 anos.

O teste de Turing

Em 1950, Alan Turing publicou um artigo marcante no qual ele especulava sobre a possibilidade de criar máquinas que pensassem. Ele observou que "pensar" é difícil de definir e idealizou seu famoso Teste de Turing. Se uma máquina podia continuar uma conversa (sobre uma teleimpressora) que era indistinguível de uma conversa com um ser humano, então era razoável dizer que a máquina estava "pensando". Esta versão simplificada do problema permitiu a Turing argumentar convincentemente que uma "máquina pensante" era pelo menos *plausível* e o papel respondeu a todas as objeções mais comuns à proposta. O Teste de Turing foi a primeira proposta séria na filosofia da inteligência artificial.

Jogo AI

Em 1951, utilizando a máquina Ferranti Mark 1 da Universidade de Manchester, Christopher Strachey escreveu um programa de damas e Dietrich Prinz escreveu um para o xadrez. O programa de damas de Arthur Samuel, desenvolvido em meados dos anos 50 e início dos anos 60, acabou alcançando habilidade suficiente para desafiar um amador respeitável. O jogo AI continuaria a ser usado como uma medida de progresso na AI ao longo de sua história.

27

O raciocínio simbólico e o teórico da lógica

Quando o acesso aos computadores digitais se tornou possível em meados dos anos 50, alguns cientistas instintivamente reconheceram que uma máquina que pudesse manipular números também poderia manipular símbolos e que a manipulação de símbolos poderia muito bem ser a essência do pensamento humano. Esta era uma nova abordagem para criar máquinas de pensamento.

Em 1955, Allen Newell e (futuro Prêmio Nobel) Herbert A. Simon criou o "teórico da lógica" (com a ajuda de J. C. Shaw). O programa acabaria por provar 38 dos primeiros 52 teoremas do *Principia Mathematica* de Russell e Whitehead, e encontraria provas novas e mais elegantes para alguns. Simon disse que eles tinham "resolvido o venerável problema mente/corpo, explicando como um sistema composto de matéria pode ter as propriedades da mente" (Esta foi uma declaração inicial da posição filosófica que John Searle chamaria mais tarde de "IA Forte": que as máquinas podem conter mentes como os corpos humanos fazem).

28

Workshop Dartmouth 1956: o nascimento da IA

O Dartmouth Workshop de 1956 foi organizado por Marvin Minsky, John McCarthy e dois cientistas seniores: Claude Shannon e Nathan Rochester, da IBM. A proposta para a conferência incluía esta afirmação: "Os participantes incluíam Ray Solomonoff, Oliver Selfridge, Trenchard More, Arthur Samuel, Allen Newell e Herbert A. Simon, todos os quais criariam programas importantes durante as primeiras décadas de pesquisa de IA.No workshop Newell e Simon estrearam o "teórico da lógica" e McCarthy persuadiu os participantes a aceitar "Inteligência Artificial" como o nome do campo. O workshop de Dartmouth de 1956 foi o momento em que a IA ganhou seu nome, sua missão, seu primeiro sucesso e seus principais atores, e é amplamente considerado o nascimento da IA. O termo "Inteligência Artificial" foi escolhido por McCarthy para evitar associações com a cibernética e conexões com o influente cibernético Norbert Wiener.

Simbólico AI 1956-1974

Os programas desenvolvidos nos anos após o Dartmouth Workshop foram, para a maioria das pessoas,

29

simplesmente "espantosos": os computadores estavam resolvendo problemas de álgebra, provando teoremas em geometria e aprendendo a falar inglês. Poucos na época teriam acreditado que tal comportamento "inteligente" por parte das máquinas fosse de todo possível. Os pesquisadores expressaram um otimismo intenso em particular e na imprensa, prevendo que uma máquina totalmente inteligente seria construída em menos de 20 anos. Agências governamentais como a DARPA despejaram dinheiro no novo campo.

Abordagens

Houve muitos programas de sucesso e novas direções no final dos anos 50 e 60. Entre os mais influentes estavam estes:

Raciocínio como busca

Muitos dos primeiros programas de IA usavam o mesmo algoritmo básico. Para alcançar algum objetivo (como ganhar um jogo ou provar um teorema), eles procediam passo a passo em direção a ele (fazendo um movimento ou uma dedução) como se estivessem procurando através de um labirinto, recuando sempre que chegavam a um beco sem saída. Este paradigma foi chamado de "raciocínio como busca".

A principal dificuldade era que, para muitos problemas, o número de caminhos possíveis através do "labirinto" era simplesmente astronômico (uma situação conhecida como uma "explosão combinatória"). Os pesquisadores reduziriam o espaço de busca usando a heurística ou "regras de polegar" que eliminariam aqueles caminhos que dificilmente levariam a uma solução.

Newell e Simon tentaram capturar uma versão geral deste algoritmo em um programa chamado "General Problem Solver". Outros programas de "busca" foram capazes de realizar tarefas impressionantes como resolver problemas de geometria e álgebra, tais como o Theorem Prover de Geometria de Herbert Gelernter (1958) e SAINT, escrito pelo estudante de Minsky James Slagle (1961). Outros programas buscaram através de metas e sub-metas para planejar ações, como o sistema STRIPS desenvolvido em Stanford para controlar o comportamento de seu robô Shakey.

31

Linguagem natural

Um objetivo importante da pesquisa de IA é permitir que os computadores se comuniquem em línguas naturais como o inglês. Um sucesso precoce foi o programa STUDENT de Daniel Bobrow, que poderia resolver problemas de palavras de álgebra do ensino médio.

Uma rede semântica representa conceitos (por exemplo, "casa", "porta") como nós e relações entre conceitos (por exemplo, "has-a") como ligações entre os nós. O primeiro programa de IA a usar uma rede semântica foi escrito por Ross Quillian e a versão mais bem sucedida (e controversa) foi a teoria de dependência conceitual de Roger Schank.

O ELIZA de Joseph Weizenbaum podia realizar conversas que eram tão realistas que os usuários ocasionalmente eram enganados a pensar que estavam se comunicando com um ser humano e não com um programa (Ver efeito ELIZA). Mas na verdade, ELIZA não tinha idéia do que ela estava falando. Ela simplesmente deu uma resposta enlatada ou repetiu o que foi dito a ela, reformulando sua resposta com algumas regras gramaticais. ELIZA foi a primeira tagarela.

Micro-mundos

No final dos anos 60, Marvin Minsky e Seymour Papert do Laboratório de IA do MIT propuseram que a pesquisa de IA deveria se concentrar em situações artificialmente simples conhecidas como micro-mundos. Eles apontaram que em ciências de sucesso como a física, os princípios básicos eram freqüentemente melhor compreendidos usando modelos simplificados como planos sem fricção ou corpos perfeitamente rígidos. Grande parte da pesquisa concentrou-se em um "mundo de blocos", que consiste em blocos coloridos de várias formas e tamanhos, dispostos em uma superfície plana.

Este paradigma levou a um trabalho inovador em visão mecânica por Gerald Sussman (que liderou a equipe), Adolfo Guzman, David Waltz (que inventou a "propagação da restrição"), e especialmente Patrick Winston. Ao mesmo tempo, Minsky e Papert construíram um braço robô que podia empilhar blocos, dando vida ao mundo dos blocos. A coroação do programa do micro-mundo foi a

SHRDLU de Terry Winograd. Ele podia se comunicar em frases comuns em inglês, planejar operações e executá-las.

Automata

No Japão, a Universidade Waseda iniciou o projeto WABOT em 1967, e em 1972 completou o WABOT-1, o primeiro robô humanóide "inteligente" do mundo em escala real, ou andróide. Seu sistema de controle de membros lhe permitiu caminhar com os membros inferiores, e agarrar e transportar objetos com as mãos, usando sensores táteis. Seu sistema de visão lhe permitiu medir distâncias e direções a objetos usando receptores externos, olhos e ouvidos artificiais. E seu sistema de conversação lhe permitiu comunicar-se com uma pessoa em japonês, com uma boca artificial.

Otimismo

A primeira geração de pesquisadores de IA fez estas previsões sobre seu trabalho:

- 1958, H. A. Simon e Allen Newell: "dentro de dez anos um computador digital será o campeão mundial de xadrez" e "dentro de dez anos um computador digital descobrirá e provará um novo teorema matemático importante".

- 1965, H. A. Simon: "as máquinas serão capazes, dentro de vinte anos, de fazer qualquer trabalho que um homem possa fazer".
- 1967, Marvin Minsky: "Dentro de uma geração ... o problema da criação de 'inteligência artificial' será substancialmente resolvido".
- 1970, Marvin Minsky (in *Life* Magazine): "Dentro de três a oito anos teremos uma máquina com a inteligência geral de um ser humano médio".

Financiamento

Em junho de 1963, o MIT recebeu uma subvenção de US$ 2,2 milhões da recém-criada Agência de Projetos de Pesquisa Avançada (mais tarde conhecida como DARPA). O dinheiro foi usado para financiar o projeto MAC, que se enquadrou no "Grupo AI" fundado por Minsky e McCarthy cinco anos antes. A DARPA continuou a fornecer três milhões de dólares por ano até os anos 70. A DARPA fez doações semelhantes ao programa de Newell e Simon na CMU e ao Projeto AI de Stanford (fundado por John

35

McCarthy em 1963). Outro importante laboratório de IA foi estabelecido na Universidade de Edimburgo por Donald Michie em 1965. Estas quatro instituições continuariam a ser os principais centros de pesquisa (e financiamento) de IA na academia por muitos anos.

O dinheiro foi ofertado com poucos cordelinhos: J. C. R. Licklider, então diretor da ARPA, acreditava que sua organização deveria "financiar pessoas, não projetos" e permitir que os pesquisadores seguissem qualquer direção que lhes interessasse. Isto criou uma atmosfera livre no MIT que deu origem à cultura hacker, mas esta abordagem "de mãos livres" não duraria muito.

O primeiro inverno AI 1974-1980

Nos anos 70, a IA estava sujeita a críticas e contratempos financeiros. Os pesquisadores de IA não haviam percebido a dificuldade dos problemas que enfrentavam. Seu tremendo otimismo havia aumentado as expectativas impossivelmente altas, e quando os resultados prometidos não se materializaram, o financiamento para a gripe aviária desapareceu. Ao mesmo tempo, o campo do conexionismo (ou redes neurais) foi encerrado quase

36

completamente por 10 anos pela crítica devastadora de Marvin Minsky aos perceptrons. Apesar das dificuldades com a percepção pública da IA no final dos anos 70, novas idéias foram exploradas na programação lógica, raciocínio comum e muitas outras áreas.

Os problemas da IA

No início dos anos setenta, as capacidades dos programas de IA eram limitadas. Mesmo os mais impressionantes só conseguiam lidar com versões triviais dos problemas que deveriam resolver; todos os programas eram, em algum sentido, "brinquedos". Os pesquisadores de IA começaram a se deparar com vários limites fundamentais que não puderam ser superados nos anos 70. Embora alguns desses limites fossem conquistados nas últimas décadas, outros ainda hoje se mantêm no campo.

- Potência limitada do computador: Não havia memória suficiente ou velocidade de processamento para realizar algo verdadeiramente útil. Por exemplo, o trabalho bem sucedido de Ross Quillian em linguagem natural foi demonstrado com um vocabulário de apenas *vinte* palavras, porque isso era tudo o que caberia na memória. Hans Moravec argumentou em 1976 que os computadores ainda eram milhões de vezes fracos demais para exibir inteligência. Ele sugeriu uma analogia: a inteligência artificial requer a potência dos computadores da mesma forma que as aeronaves requerem potência. Abaixo de um certo limite, é impossível, mas, à medida que a potência aumenta, eventualmente pode se tornar fácil. Com relação à visão do computador, Moravec estimou que a simples correspondência entre a borda e a capacidade de detecção de movimento da retina humana em tempo real exigiria um computador de uso geral capaz de 10^9 operações/segundo (1000 MIPS). A partir de 2011, aplicações práticas de visão por computador requerem 10.000 a 1.000.000 MIPS. Em comparação, o supercomputador mais rápido em 1976, o Cray-1 (varejo de US$ 5 milhões a US$ 8 milhões), só tinha capacidade de cerca de 80 a 130 MIPS, e um computador de mesa típico na época alcançou menos de 1 MIPS.

- Intractabilidade e a explosão combinatória. Em 1972, Richard Karp (construindo sobre o teorema de Stephen Cook de 1971) mostrou que existem muitos problemas que provavelmente só podem ser resolvidos em tempo exponencial (no tamanho das entradas). Encontrar soluções ótimas para estes problemas requer quantidades inimagináveis

39

de tempo de computador, exceto quando os problemas são triviais. Isto quase certamente significou que muitas das soluções "de brinquedo" usadas pela IA provavelmente nunca se transformariam em sistemas úteis.

- Conhecimentos e raciocínios comuns. Muitas aplicações importantes de inteligência artificial como visão ou linguagem natural requerem simplesmente enormes quantidades de informação sobre o mundo: o programa precisa ter alguma idéia do que pode estar olhando ou do que está falando. Isto exige que o programa saiba a maioria das mesmas coisas sobre o mundo que uma criança faz. Os pesquisadores logo descobriram que esta era uma quantidade verdadeiramente *vasta* de informações. Ninguém em 1970 podia construir um banco de dados tão grande e ninguém sabia como um programa poderia aprender tanta informação.

- O paradoxo de Moravec: provar teoremas e resolver problemas de geometria é comparativamente fácil para computadores, mas uma tarefa supostamente simples como reconhecer um rosto ou atravessar uma sala sem esbarrar em nada é extremamente difícil. Isto ajuda a explicar por que a pesquisa sobre visão e robótica tinha feito tão pouco progresso em meados dos anos 70.

- O quadro e os problemas de qualificação. Os pesquisadores de IA (como John McCarthy) que usaram a lógica descobriram que eles não poderiam representar deduções comuns que envolvessem planejamento ou raciocínio padrão sem fazer mudanças na estrutura da própria lógica. Eles desenvolveram novas lógicas (como lógicas não-monotônicas e lógicas modais) para tentar resolver os problemas.

O fim do financiamento

As agências que financiaram a pesquisa de IA (como o governo britânico, DARPA e NRC) ficaram frustradas com a falta de progresso e eventualmente cortaram quase todo o financiamento para a pesquisa não direcionada de IA. O padrão começou já em 1966, quando o relatório ALPAC apareceu criticando os esforços de tradução automática. Em 1973, o relatório Lighthill sobre o estado da pesquisa de IA na Inglaterra criticou o fracasso total da IA em atingir

41

seus "objetivos grandiosos" e levou ao desmantelamento da pesquisa de IA naquele país (o relatório mencionava especificamente o problema da explosão combinatória como motivo para as falhas da IA).

Hans Moravec culpou a crise com as previsões irrealistas de seus colegas. "No entanto, havia outra questão: desde a aprovação da Emenda Mansfield em 1969, a DARPA estava sob crescente pressão para financiar "pesquisa direta orientada à missão, em vez de pesquisa básica não direcionada". O financiamento para a exploração criativa e livre que havia acontecido nos anos 60 não viria da DARPA. Em vez disso, o dinheiro era direcionado para projetos específicos com objetivos claros, tais como tanques autônomos e sistemas de gerenciamento de batalha.

Críticas de todo o campus

Vários filósofos tinham fortes objeções às afirmações feitas pelos pesquisadores da IA. Um dos primeiros foi John Lucas, que argumentou que o teorema da incompletude de Gödel mostrava que um sistema formal (como um programa de computador) nunca poderia ver a

42

verdade de certas afirmações, enquanto um ser humano poderia. Hubert Dreyfus ridicularizou as promessas quebradas dos anos 60 e criticou as suposições da IA, argumentando que o raciocínio humano realmente envolvia muito pouco "processamento de símbolos" e uma grande quantidade de "know how" corporificado, instintivo e inconsciente. O argumento da sala chinesa de John Searle, apresentado em 1980, tentou mostrar que um programa não podia ser dito para "compreender" os símbolos que usa (uma qualidade chamada "intencionalidade"). Se os símbolos não têm significado para a máquina, argumentou Searle, então a máquina não pode ser descrita como "pensando".

Estas críticas não foram levadas a sério pelos pesquisadores da IA, muitas vezes porque pareciam tão longe do ponto. Problemas como a intractabilidade e o conhecimento do senso comum pareciam muito mais imediatos e sérios. Não estava claro que diferença "saber como" ou "intencionalidade" fazia para um programa de computador real. Minsky disse sobre Dreyfus e Searle que "eles entenderam mal, e deveriam ser ignorados". Dreyfus, que ensinava no MIT, recebeu um ombro frio: ele disse mais tarde que os pesquisadores de IA "não ousavam ser vistos almoçando comigo". Joseph Weizenbaum, o autor de ELIZA, sentiu que o tratamento de seus colegas sobre Dreyfus era pouco profissional e infantil. Embora ele fosse um crítico franco das posições de Dreyfus, ele "deliberadamente deixou claro que a deles não era a maneira de tratar um ser humano".

Weizenbaum começou a ter sérias dúvidas éticas sobre a IA quando Kenneth Colby escreveu um "programa de computador que pode conduzir o diálogo psicoterapêutico" baseado no ELIZA. Weizenbaum ficou perturbado quando Colby viu um programa sem sentido como uma ferramenta terapêutica séria. Uma briga começou e a situação não foi ajudada quando Colby não deu crédito a Weizenbaum por sua contribuição para o programa. Em 1976, Weizenbaum publicou "*Computer Power and Human Reason*", que argumentava que o mau uso da inteligência artificial tem o potencial de desvalorizar a vida humana.

Percepções e o ataque ao conexionismo

Um perceptron era uma forma de rede neural introduzida em 1958 por Frank Rosenblatt, que havia sido um colega de escola de Marvin Minsky na Escola Superior de

Ciências do Bronx. Como a maioria dos pesquisadores de IA, ele estava otimista sobre seu poder, prevendo que "perceptron pode eventualmente ser capaz de aprender, tomar decisões e traduzir idiomas". Um programa de pesquisa ativa sobre o paradigma foi realizado ao longo dos anos 60, mas foi interrompido repentinamente com a publicação do livro *Perceptrons* de Minsky e Papert de 1969. Ele sugeria que havia severas limitações ao que os perceptrons poderiam fazer e que as previsões de Frank Rosenblatt haviam sido exageradas. O efeito do livro foi devastador: praticamente nenhuma pesquisa foi feita em conexão durante 10 anos. Eventualmente, uma nova geração de pesquisadores reavivaria o campo e depois se tornaria uma parte vital e útil da inteligência artificial. Rosenblatt não viveria para ver isso, pois morreu em um acidente de barco logo após a publicação do livro.

Raciocínio lógico e simbólico: as "limpezas".

A lógica foi introduzida na pesquisa de IA já em 1959, por John McCarthy em sua proposta Advice Taker. Em 1963, J. Alan Robinson havia descoberto um método simples para implementar a dedução em computadores, a resolução e o algoritmo de unificação. Entretanto,

45

implementações simples, como aquelas tentadas por McCarthy e seus alunos no final dos anos 60, eram especialmente intratáveis: os programas exigiam números astronômicos de passos para provar teoremas simples. Uma abordagem mais proveitosa da lógica foi desenvolvida nos anos 70 por Robert Kowalski na Universidade de Edimburgo, e logo isto levou à colaboração com os pesquisadores franceses Alain Colmerauer e Philippe Roussel que criaram a bem sucedida linguagem de programação lógica Prolog.Prolog usa um subconjunto de lógica (cláusulas Horn, estreitamente relacionadas a "regras" e "regras de produção") que permitem o cálculo traçável. As regras continuariam a ser influentes, fornecendo uma base para os sistemas especializados de Edward Feigenbaum e o trabalho contínuo de Allen Newell e Herbert A. Simon que levaria a Soar e suas teorias unificadas de cognição.

Os críticos da abordagem lógica observaram, como Dreyfus observou, que os seres humanos raramente usavam a lógica quando resolviam problemas. Experiências de psicólogos como Peter Wason, Eleanor Rosch, Amos Tversky, Daniel Kahneman e outros forneceram provas.McCarthy respondeu que o que as pessoas fazem é irrelevante. Ele argumentou que o que é realmente necessário são máquinas que possam resolver problemas - não máquinas que pensam como as pessoas.

Quadros e roteiros: os "scuffles

Entre os críticos da abordagem de McCarthy estavam seus colegas em todo o país no MIT. Marvin Minsky, Seymour Papert e Roger Schank estavam tentando resolver problemas como "compreensão da história" e "reconhecimento de objetos" que *exigiam* uma máquina para pensar como uma pessoa. Para usar conceitos comuns como "cadeira" ou "restaurante", eles tinham que fazer todas as mesmas suposições ilógicas que as pessoas normalmente fazem. Infelizmente, conceitos imprecisos como estes são difíceis de representar na lógica. Gerald Sussman observou que "usar uma linguagem precisa para descrever conceitos essencialmente imprecisos não os torna mais precisos". Schank descreveu suas abordagens "anti-lógicas" como "desalinhadas", em oposição aos paradigmas "puros" usados por McCarthy, Kowalski, Feigenbaum, Newell e Simon.

47

Em 1975, em um artigo seminal, Minsky observou que muitos de seus colegas pesquisadores "descuidados" estavam usando o mesmo tipo de ferramenta: uma estrutura que capta todas as nossas suposições de senso comum sobre algo. Por exemplo, se usamos o conceito de um pássaro, há uma constelação de fatos que vem imediatamente à mente: podemos supor que ele voa, come minhocas e assim por diante. Sabemos que estes fatos nem sempre são verdadeiros e que as deduções usando estes fatos não serão "lógicas", mas estes conjuntos estruturados de suposições fazem parte do *contexto* de tudo o que dizemos e pensamos. Ele chamou estas estruturas de "molduras". Schank usou uma versão de estruturas que ele chamou de "scripts" para responder com sucesso a perguntas sobre contos em inglês.

Boom 1980-1987

Nos anos 80, uma forma de programa de IA chamada "sistemas especializados" foi adotada por corporações em todo o mundo e o conhecimento tornou-se o foco das principais pesquisas de IA. Naqueles mesmos anos, o governo japonês financiou agressivamente a IA com seu projeto de computador de quinta geração. Outro evento

48

encorajador no início dos anos 80 foi o renascimento do conexionismo no trabalho de John Hopfield e David Rumelhart. Mais uma vez, a IA tinha alcançado sucesso.

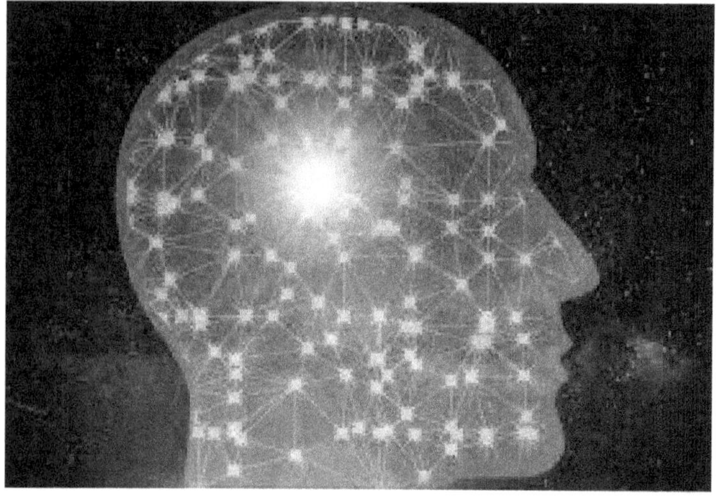

O surgimento de sistemas especializados

Um sistema especializado é um programa que responde a perguntas ou resolve problemas sobre um domínio específico de conhecimento, usando regras lógicas que derivam do conhecimento dos especialistas. Os exemplos mais antigos foram desenvolvidos por Edward Feigenbaum e seus alunos. Dendral, iniciado em 1965, identificou compostos a partir de leituras de espectrômetros. MYCIN, desenvolvido em 1972, diagnosticou doenças infecciosas do sangue. Eles demonstraram a viabilidade da abordagem.

Os sistemas especializados se restringiram a um pequeno domínio de conhecimento específico (evitando assim o problema do conhecimento comum) e seu projeto simples tornou relativamente fácil a construção de programas e a modificação dos mesmos uma vez instalados. Em suma, os programas provaram ser *úteis*: algo que a IA não havia conseguido até então.

Em 1980, um sistema especializado chamado XCON foi concluído na CMU para a Digital Equipment Corporation. Foi um enorme sucesso: estava economizando 40 milhões de dólares anuais para a empresa até 1986. Corporações em todo o mundo começaram a desenvolver e implantar sistemas especializados e em 1985 estavam gastando mais de um bilhão de dólares em IA, a maior parte deles para os departamentos internos de IA. Uma indústria cresceu para apoiá-los, incluindo empresas de hardware como Symbolics e Lisp Machines e empresas de software como IntelliCorp e Aion.

A revolução do conhecimento

O poder dos sistemas especializados veio do conhecimento especializado que eles continham. Eles faziam parte de uma nova direção na pesquisa de IA que vinha ganhando terreno ao longo dos anos 70. "Os pesquisadores de IA estavam começando a suspeitar - relutantemente, pois isso violava o cânone científico da parcimônia - que a inteligência poderia muito bem estar baseada na capacidade de usar grandes quantidades de diversos conhecimentos de maneiras diferentes", escreve Pamela McCorduck. "A grande lição dos anos 70 foi que o comportamento inteligente dependia muito de lidar com o conhecimento, às vezes bastante detalhado, de um domínio onde se encontrava uma determinada tarefa".

Sistemas baseados no conhecimento e engenharia do conhecimento tornaram-se um dos principais focos da pesquisa da IA nos anos 80.

Os anos 80 também assistiram ao nascimento da Cyc, a primeira tentativa de atacar diretamente o problema do conhecimento comum, criando um banco de dados maciço que conteria todos os fatos mundanos que a pessoa comum conhece. Douglas Lenat, que começou e liderou o projeto, argumentou que não há atalho - a única maneira das máquinas conhecerem o significado dos conceitos humanos é ensiná-los, um conceito de cada vez, à mão. Não se esperava que o projeto estivesse concluído por muitas décadas.

Os programas de xadrez HiTech e Deep Thought derrotaram os mestres de xadrez em 1989. Ambos foram desenvolvidos pela Carnegie Mellon University; o desenvolvimento do Deep Thought abriu o caminho para o Deep Blue.

O dinheiro retorna: o projeto da Quinta Geração

Em 1981, o Ministério do Comércio Internacional e Indústria do Japão destinou US$ 850 milhões para o
52

projeto de computadores da quinta geração. Seus objetivos eram escrever programas e construir máquinas que pudessem manter conversas, traduzir idiomas, interpretar imagens e raciocinar como seres humanos. Para desgosto dos scruffies, eles escolheram o Prolog como a principal linguagem de computador para o projeto.

Outros países responderam com novos programas próprios. O Reino Unido iniciou o projeto Alvey de £350 milhões. Um consórcio de empresas americanas formou a Microelectronics and Computer Technology Corporation (ou "MCC") para financiar projetos de grande escala em AI e tecnologia da informação. A DARPA também respondeu, fundando a Iniciativa de Computação Estratégica e triplicando seu investimento em IA entre 1984 e 1988.

O renascimento do conexionismo

Em 1982, o físico John Hopfield conseguiu provar que uma forma de rede neural (agora chamada "rede Hopfield") podia aprender e processar informações de uma maneira completamente nova. Por volta da mesma época, Geoffrey Hinton e David Rumelhart popularizaram um método de treinamento de redes neurais chamado "backpropagation", também conhecido como o modo inverso de diferenciação automática publicado por Seppo Linnainmaa (1970) e aplicado às redes neurais por Paul Werbos. Estas duas descobertas ajudaram a reavivar o campo do conexionismo.

O novo campo foi unificado e inspirado pelo aparecimento do *Processamento Distribuído Paralelo* em 1986 - uma coleção de dois volumes editados por Rumelhart e pelo psicólogo James McClelland. As redes neurais seriam comercialmente bem sucedidas nos anos 90, quando começaram a ser utilizadas como motores de programas como reconhecimento óptico de caracteres e reconhecimento da fala.

O desenvolvimento da integração metal-oxido-semicondutor (MOS) em escala muito grande (VLSI), na forma de tecnologia complementar MOS (CMOS), permitiu o desenvolvimento da tecnologia prática de rede neural artificial (ANN) nos anos 80. Uma publicação marcante no campo foi o livro "*Analog VLSI Implementation of Neural Systems*" de 1989, de Carver A. Mead e Mohammed Ismail.

Busto: o segundo inverno AI 1987-1993

O fascínio da comunidade empresarial pela IA aumentou e diminuiu nos anos 80 no padrão clássico de uma bolha econômica. O colapso foi devido ao fracasso dos vendedores comerciais em desenvolver uma grande variedade de soluções viáveis. Como dezenas de empresas falharam, a percepção era de que a tecnologia não era viável. Entretanto, o campo continuou a avançar, apesar das críticas. Numerosos pesquisadores, incluindo os desenvolvedores de robótica Rodney Brooks e Hans Moravec, defenderam uma abordagem inteiramente nova da inteligência artificial.

AI inverno

O termo "inverno AI" foi cunhado por pesquisadores que haviam sobrevivido aos cortes de financiamento de 1974 quando ficaram preocupados que o entusiasmo por sistemas especializados tivesse se tornado fora de controle e que a decepção certamente se seguiria. Seus temores foram bem fundamentados: no final dos anos 80 e início dos anos 90, a IA sofreu uma série de contratempos financeiros.

A primeira indicação de uma mudança no clima foi o súbito colapso do mercado de hardware especializado em IA, em 1987. Os computadores de mesa da Apple e da IBM estavam ganhando velocidade e potência constantemente e em 1987 eles se tornaram mais poderosos que as máquinas Lisp mais caras fabricadas pela Symbolics e outras. Não havia mais uma boa razão para comprá-los. Uma indústria inteira no valor de meio bilhão de dólares foi demolida da noite para o dia.

Eventualmente, os primeiros sistemas especializados bem sucedidos, como o XCON, provaram ser muito caros para serem mantidos. Eles eram difíceis de atualizar, não podiam aprender, eram "quebradiços" (ou seja, podiam cometer erros grotescos quando lhes eram dados insumos incomuns), e caíram vítimas de problemas (como o problema de qualificação) que haviam sido identificados anos antes. Os sistemas especializados se mostraram úteis, mas apenas em alguns contextos especiais.

No final dos anos 80, a Iniciativa de Computação Estratégica cortou o financiamento para a IA "profunda e brutalmente". A nova liderança da DARPA havia decidido que a IA não era "a próxima onda" e direcionou fundos para projetos que pareciam mais propensos a produzir resultados imediatos.

Em 1991, a impressionante lista de metas estabelecidas em 1981 para o Projeto de Quinta Geração do Japão não havia sido atingida. De fato, algumas delas, como "continuar uma conversa casual", não haviam sido atingidas até 2010. Como em outros projetos de AI, as expectativas tinham sido muito maiores do que o que era realmente possível.

Mais de 300 empresas de AI haviam fechado, falido ou sido adquiridas até o final de 1993, acabando efetivamente com a primeira onda comercial de AI. Em 1994, a HP Newquist declarou em *The Brain Makers* que "O futuro imediato da inteligência artificial - em sua forma comercial - parece descansar em parte sobre o sucesso contínuo das redes neurais".

Nouvelle AI e razão encarnada

No final dos anos 80, vários pesquisadores defenderam uma abordagem completamente nova da inteligência artificial, baseada na robótica. Eles acreditavam que, para mostrar inteligência real, uma máquina precisa ter um
57

corpo - precisa perceber, mover-se, sobreviver e lidar com o mundo. Argumentaram que estas habilidades sensorimotoras são essenciais para habilidades de nível superior como o raciocínio comum e que o raciocínio abstrato era na verdade a habilidade humana *menos* interessante ou importante (veja o paradoxo de Moravec). Eles defendiam a construção da inteligência "de baixo para cima".

A abordagem reavivou idéias da cibernética e da teoria de controle que tinham sido impopulares desde os anos sessenta. Outro precursor foi David Marr, que tinha vindo ao MIT no final dos anos 70 de uma formação bem sucedida em neurociência teórica para liderar o grupo que estuda a visão. Ele rejeitou todas as abordagens simbólicas (*tanto* a lógica de McCarthy quanto as estruturas de Minsky), argumentando que a IA precisava entender a maquinaria física da visão de baixo para cima antes que qualquer processamento simbólico acontecesse. (O trabalho de Marr seria encurtado pela leucemia em 1980).

Em seu artigo de 1990 "Elefantes não jogam xadrez", o pesquisador de robótica Rodney Brooks apontou

diretamente para a hipótese do sistema de símbolos
físicos, argumentando que os símbolos nem sempre são
necessários, já que "o mundo é seu melhor modelo". Ele
está sempre exatamente atualizado. Ele sempre tem todos
os detalhes que devem ser conhecidos. O truque é senti-lo
de forma apropriada e com freqüência suficiente". Nos
anos 80 e 90, muitos cientistas cognitivos também
rejeitaram o modelo de processamento de símbolos da
mente e argumentaram que o corpo era essencial para o
raciocínio, uma teoria chamada de tese da mente
encarnada.

AI 1993-2011

O campo da IA, agora com mais de meio século,
finalmente atingiu alguns de seus objetivos mais antigos.
Começou a ser utilizado com sucesso em toda a indústria
tecnológica, embora um pouco por trás dos bastidores.
Parte do sucesso foi devido ao aumento do poder dos
computadores e outra parte foi alcançada concentrando-
se em problemas específicos isolados e perseguindo-os
com os mais altos padrões de responsabilidade científica.
Ainda assim, a reputação da IA, pelo menos no mundo
dos negócios, era menos que imaculada. Dentro do

campo, havia pouco consenso sobre as razões do fracasso da IA em realizar o sonho de inteligência em nível humano que havia capturado a imaginação do mundo nos anos 60. Juntos, todos esses fatores ajudaram a fragmentar a IA em subcampos concorrentes focalizados em problemas ou abordagens particulares, às vezes até sob novos nomes que disfarçavam o pedigree manchado de "inteligência artificial". A IA foi tanto mais cautelosa quanto mais bem sucedida do que jamais havia sido.

Marcos e a lei de Moore

Em 11 de maio de 1997, o Deep Blue tornou-se o primeiro sistema de jogo de xadrez por computador a vencer um campeão mundial de xadrez reinante, Garry Kasparov. O super computador era uma versão especializada de uma estrutura produzida pela IBM, e era capaz de processar o dobro das jogadas por segundo que tinha durante a primeira partida (que o Deep Blue havia perdido), alegadamente 200.000.000 jogadas por segundo. O evento foi transmitido ao vivo pela internet e recebeu mais de 74 milhões de acessos.

Em 2005, um robô de Stanford venceu o Grande Desafio DARPA ao dirigir autonomamente por 131 milhas ao longo de uma trilha desértica não ensaiada. Dois anos mais tarde, uma equipe da CMU venceu o Desafio Urbano DARPA navegando autonomamente 55 milhas em um ambiente Urbano ao mesmo tempo em que aderiu aos perigos do trânsito e a todas as leis de trânsito. Em fevereiro de 2011, em uma partida de exibição do Jeopardy! quiz, o sistema de resposta a perguntas da IBM, Watson, derrotou os dois maiores campeões do Jeopardy!, Brad Rutter e Ken Jennings, por uma margem significativa.

Estes sucessos não se deveram a algum novo paradigma revolucionário, mas principalmente à tediosa aplicação da habilidade de engenharia e ao tremendo aumento na velocidade e capacidade do computador nos anos 90. Na verdade, o computador do Deep Blue era 10 milhões de vezes mais rápido que o Ferranti Mark 1 que Christopher Strachey ensinou a jogar xadrez em 1951. Este aumento dramático é medido pela lei de Moore, que prevê que a velocidade e a capacidade de memória dos computadores dobram a cada dois anos, como resultado do transistor semicondutor de metal-oxidante (MOS) que conta dobrando a cada dois anos. O problema fundamental da

"potência bruta dos computadores" estava sendo
lentamente superado.

Agentes inteligentes

Um novo paradigma chamado "agentes inteligentes" tornou-se amplamente aceito durante os anos 90. Embora pesquisadores anteriores tivessem proposto abordagens modulares de "dividir e conquistar" a IA, o agente inteligente não alcançou sua forma moderna até que Judea Pearl, Allen Newell, Leslie P. Kaelbling e outros trouxeram conceitos da teoria da decisão e da economia para o estudo da IA. Quando a definição do economista de um agente racional foi casada com a definição da informática de um objeto ou módulo, o paradigma do agente inteligente estava completo.

Um agente inteligente é um sistema que percebe seu ambiente e toma ações que maximizam suas chances de sucesso. Por esta definição, programas simples que resolvem problemas específicos são "agentes inteligentes", assim como seres humanos e organizações de seres humanos, tais como empresas. O paradigma do agente inteligente define a pesquisa de IA como "o estudo de agentes inteligentes". Esta é uma generalização de algumas definições anteriores de IA: ela vai além do

63

estudo da inteligência humana; ela estuda todos os tipos de inteligência.

O paradigma deu aos pesquisadores licença para estudar problemas isolados e encontrar soluções que fossem tanto verificáveis quanto úteis. Ele forneceu uma linguagem comum para descrever problemas e compartilhar suas soluções entre si, e com outros campos que também utilizavam conceitos de agentes abstratos, como economia e teoria de controle. Esperava-se que uma arquitetura de agentes completa (como o SOAR da Newell) permitisse um dia aos pesquisadores construir sistemas mais versáteis e inteligentes a partir da interação de agentes inteligentes.

Raciocínio probabilístico e maior rigor

Os pesquisadores de IA começaram a desenvolver e usar ferramentas matemáticas sofisticadas mais do que jamais tiveram no passado. Houve uma percepção generalizada de que muitos dos problemas que a IA precisava resolver já estavam sendo trabalhados por pesquisadores em campos como matemática, engenharia elétrica, economia ou pesquisa operacional. A linguagem matemática compartilhada permitiu tanto um nível mais alto de colaboração com campos mais estabelecidos e bem-sucedidos quanto a obtenção de resultados mensuráveis e prováveis; a IA havia se tornado uma disciplina "científica" mais rigorosa. Russell & Norvig (2003) descrevem isto como nada menos do que uma "revolução". Eles haviam argumentado em seu livro didático de 2002 que este maior rigor poderia ser visto plausivelmente como uma "vitória da limpeza", mas posteriormente qualificaram isso dizendo, em seu livro didático da IA 2020, que "a ênfase atual no aprendizado profundo pode representar um ressurgimento do escrúpulo".

O influente livro de Judea Pearl de 1988 trouxe probabilidade e teoria da decisão para a IA. Entre as muitas novas ferramentas em uso estavam as redes Bayesianas, modelos Markov escondidos, teoria da informação, modelagem estocástica e otimização clássica. Descrições matemáticas precisas também foram desenvolvidas para paradigmas de "inteligência computacional" como redes neurais e algoritmos evolutivos.

IA nos bastidores

65

Algoritmos originalmente desenvolvidos por pesquisadores da IA começaram a aparecer como partes de sistemas maiores. A IA tinha resolvido muitos problemas muito difíceis e suas soluções provaram ser úteis em toda a indústria tecnológica, tais como mineração de dados, robótica industrial, logística, reconhecimento da fala, software bancário, diagnóstico médico e o mecanismo de busca do Google.

O campo da IA recebeu pouco ou nenhum crédito por esses sucessos nos anos 90 e início dos anos 2000. Muitas das maiores inovações da IA foram reduzidas ao status de apenas outro item na caixa de ferramentas da ciência da computação. Nick Bostrom explica "Muita IA de vanguarda foi filtrada em aplicações gerais, muitas vezes sem ser chamada de IA porque uma vez que algo se torna útil e comum o suficiente, não é mais rotulada como IA".

Muitos pesquisadores em IA nos anos 90 deliberadamente chamaram seu trabalho por outros nomes, tais como informática, sistemas baseados no conhecimento, sistemas cognitivos ou inteligência computacional. Em parte, isto pode ter sido porque eles consideravam seu campo como fundamentalmente diferente da IA, mas também os novos nomes ajudam a obter financiamento. Pelo menos no mundo comercial, as promessas fracassadas da IA Winter continuaram a assombrar a pesquisa da IA nos anos 2000, como informou o *New York Times* em 2005: "Cientistas da computação e engenheiros de software evitaram o termo inteligência artificial por medo de serem vistos como sonhadores de olhos selvagens".

Previsões (ou "Onde está o HAL 9000?")

Em 1968, Arthur C. Clarke e Stanley Kubrick haviam imaginado que, no ano 2001, uma máquina existiria com uma inteligência que igualasse ou excedesse a capacidade dos seres humanos. O caráter que eles criaram, HAL 9000, foi baseado na crença compartilhada por muitos dos principais pesquisadores de IA de que tal máquina existiria até o ano 2001.

Em 2001, o fundador da IA, Marvin Minsky, perguntou: "Então a pergunta é: por que não conseguimos a HAL em 2001? Minsky acreditava que a resposta era que os problemas centrais, como o raciocínio comum, estavam sendo negligenciados, enquanto a maioria dos pesquisadores buscava coisas como aplicações comerciais de redes neurais ou algoritmos genéticos. John McCarthy, por outro lado, ainda culpava o problema da qualificação. Para Ray Kurzweil, a questão é o poder dos computadores e, usando a Lei de Moore, ele previu que máquinas com inteligência a nível humano aparecerão até 2029. Jeff Hawkins argumentou que a pesquisa de redes neurais ignora as propriedades essenciais do córtex humano, preferindo modelos simples que tenham tido sucesso na solução de problemas simples. Havia muitas outras explicações e para cada uma delas havia um programa de pesquisa correspondente em andamento.

Aprendizagem profunda, grandes dados e inteligência geral artificial: 2011-presente

Nas primeiras décadas do século 21, o acesso a grandes quantidades de dados (conhecidos como "grandes dados"), computadores mais baratos e rápidos e técnicas avançadas de aprendizagem de máquinas foram aplicados com sucesso a muitos problemas em toda a economia. Na verdade, o McKinsey Global Institute estimou em seu famoso artigo "Big data": A próxima fronteira para inovação, competição e produtividade" que "em 2009, quase todos os setores da economia dos EUA tinham pelo menos uma média de 200 terabytes de dados armazenados".

Em 2016, o mercado de produtos, hardware e software relacionados à IA atingiu mais de 8 bilhões de dólares, e o New York Times informou que o interesse na IA havia chegado a um "frenesi". As aplicações de grandes dados começaram a chegar também a outros campos, como modelos de treinamento em ecologia e para várias aplicações em economia. Os avanços no aprendizado profundo (particularmente as redes neurais convolucionais profundas e as redes neurais recorrentes) impulsionaram o progresso e a pesquisa no processamento de imagens e vídeos, análise de textos e até mesmo o reconhecimento da fala.

Aprendizado profundo

O aprendizado profundo é um ramo do aprendizado de máquinas que modela abstrações de alto nível em dados, utilizando um gráfico profundo com muitas camadas de processamento. De acordo com o teorema da aproximação universal, não é necessário profundidade para que uma rede neural seja capaz de aproximar funções contínuas arbitrárias. Mesmo assim, há muitos problemas que são comuns a redes rasas (como o sobreajuste) que as redes profundas ajudam a evitar. Como tal, as redes neurais profundas são capazes de gerar de forma realista modelos muito mais complexos em comparação com suas contrapartes rasas.

No entanto, o aprendizado profundo tem seus próprios problemas. Um problema comum para as redes neurais recorrentes é o problema do gradiente de fuga, que é onde os gradientes passam entre camadas gradualmente encolhem e literalmente desaparecem à medida que são arredondados a zero. Foram desenvolvidos muitos métodos para abordar este problema, tais como unidades de memória de longo prazo.

Arquiteturas de redes neurais profundas de última geração podem às vezes até rivalizar com a precisão humana em campos como visão computadorizada, especificamente em coisas como o banco de dados MNIST, e o reconhecimento de sinais de tráfego.

Motores de processamento de linguagem alimentados por motores de busca inteligentes podem facilmente vencer os humanos ao responder perguntas triviais gerais (como IBM Watson), e os recentes desenvolvimentos no aprendizado profundo produziram resultados surpreendentes na competição com humanos, em coisas como Go, e *Doom* (que, sendo um jogo de tiro em primeira pessoa, tem provocado alguma controvérsia).

Grandes dados

Grandes dados referem-se a uma coleção de dados que não podem ser capturados, gerenciados e processados por ferramentas de software convencionais dentro de um determinado período de tempo. É uma quantidade maciça de capacidade de tomada de decisão, insight e otimização de processos que requer novos modelos de processamento. Na Era dos Grandes Dados escrita por Victor Meyer Schonberg e Kenneth Cooke, grandes dados significam que, em vez de análises aleatórias (pesquisa por amostragem), todos os dados são usados para análise. As características 5V dos grandes dados (propostas pela IBM): *Volume*, *Velocidade*, *Variedade*, *Valor*, *Veracidade*. O significado estratégico da tecnologia de grandes dados não é dominar grandes informações de dados, mas especializar-se nestes dados significativos. Em outras palavras, se grandes dados são comparados a uma indústria, a chave para a realização da rentabilidade nesta indústria é aumentar a "capacidade de processo" dos dados e perceber o "valor agregado" dos dados através do "processamento".

Inteligência geral artificial

A inteligência geral é a capacidade de resolver *qualquer* problema, em vez de encontrar uma solução para um problema em particular. A inteligência geral artificial (ou "AGI") é um programa que pode aplicar a inteligência a uma grande variedade de problemas, de forma muito semelhante à que os humanos podem fazer.

Ben Goertzel e outros argumentaram no início dos anos 2000 que a pesquisa de IA havia desistido em grande parte do objetivo original do campo de criar inteligência artificial geral. A pesquisa AGI foi fundada como um subcampo separado e até 2010 houve conferências acadêmicas, laboratórios e cursos universitários dedicados à pesquisa AGI, assim como consórcios privados e novas empresas.

A inteligência geral artificial também é referida como "IA forte", "IA completa", ou inteligência sintética em oposição à "IA fraca" ou "IA estreita". (Fontes acadêmicas reservam "IA forte" para se referir a máquinas capazes de experimentar a consciência).

Os modelos de fundação, que são grandes modelos de inteligência artificial treinados em grandes quantidades de dados não rotulados que podem ser adaptados a uma ampla gama de tarefas downstream, começaram a ser desenvolvidos em 2018. Modelos como o GPT-3 lançado pela OpenAI em 2020, e o Gato lançado pela DeepMind em 2022, foram descritos como marcos importantes no caminho para a inteligência artificial geral.

Objetivos

O problema geral da simulação (ou criação) de inteligência foi dividido em sub-problemas. Estes consistem em características ou capacidades particulares que os pesquisadores esperam que um sistema inteligente exiba.

Os traços descritos abaixo foram os que receberam mais atenção.

Raciocínio, solução de problemas

Os primeiros pesquisadores desenvolveram algoritmos que imitavam o raciocínio passo-a-passo que os humanos usam quando resolvem enigmas ou fazem deduções lógicas. No final dos anos 80 e 90, a pesquisa de IA tinha desenvolvido métodos para lidar com informações incertas ou incompletas, empregando conceitos de probabilidade e economia.

Muitos destes algoritmos provaram ser insuficientes para resolver grandes problemas de raciocínio porque experimentaram uma "explosão combinatória": eles se tornaram exponencialmente mais lentos à medida que os problemas foram crescendo. Mesmo os humanos raramente usam a dedução passo a passo que a pesquisa inicial de IA poderia modelar. Eles resolvem a maioria de seus problemas usando julgamentos rápidos e intuitivos.

Representação do conhecimento

74

A representação do conhecimento e a engenharia do conhecimento permitem que os programas de IA respondam às perguntas de forma inteligente e façam deduções sobre fatos do mundo real.

Uma representação do "que existe" é uma ontologia: o conjunto de objetos, relações, conceitos e propriedades formalmente descritos para que os agentes de software possam interpretá-los. As ontologias mais gerais são chamadas ontologias superiores, que tentam fornecer uma base para todos os outros conhecimentos e atuar como mediadores entre ontologias de domínio que cobrem conhecimentos específicos sobre um determinado domínio de conhecimento (campo de interesse ou área de preocupação). Um programa verdadeiramente inteligente também precisaria ter acesso ao conhecimento comum; o conjunto de fatos que uma pessoa comum conhece. A semântica de uma ontologia é tipicamente representada na lógica de descrição, como a Linguagem da Web Ontology.

A pesquisa de IA desenvolveu ferramentas para representar domínios específicos, tais como objetos, propriedades, categorias e relações entre objetos;

75

situações, eventos, estados e tempo; causas e efeitos;
conhecimento sobre o conhecimento (o que sabemos
sobre o que outras pessoas sabem); raciocínio padrão
(coisas que os seres humanos assumem que são
verdadeiras até que sejam ditas de forma diferente e que
permanecerão verdadeiras mesmo quando outros fatos
estiverem mudando); assim como outros domínios. Entre
os problemas mais difíceis na IA estão: a amplitude do
conhecimento do senso comum (o número de fatos
atômicos que a pessoa comum conhece é enorme); e a
forma sub-simbólica da maioria do conhecimento do senso
comum (muito do que as pessoas sabem não é
representado como "fatos" ou "declarações" que poderiam
expressar verbalmente).

As representações formais de conhecimento são utilizadas
em indexação e recuperação de conteúdo, interpretação
de cena, apoio à decisão clínica, descoberta de
conhecimento (mineração de "interessantes" e inferências
acionáveis de grandes bases de dados), e outras áreas.

Aprendizagem

76

A aprendizagem de máquinas (ML), um conceito fundamental da pesquisa de IA desde o início do campo, é o estudo de algoritmos computacionais que melhoram automaticamente através da experiência.

O aprendizado sem supervisão encontra padrões em um fluxo de entrada.

O aprendizado supervisionado requer um humano para rotular primeiro os dados de entrada e vem em duas variedades principais: classificação e regressão numérica. A classificação é usada para determinar em que categoria algo pertence - o programa vê uma série de exemplos de coisas de várias categorias e aprenderá a classificar novos insumos. Regressão é a tentativa de produzir uma função que descreve a relação entre entradas e saídas e prevê como as saídas devem mudar à medida que as entradas mudam. Tanto os classificadores quanto os alunos de regressão podem ser vistos como "aproximadores de funções" tentando aprender uma função desconhecida (possivelmente implícita); por exemplo, um classificador de spam pode ser visto como aprendendo uma função que mapeia do texto de um e-mail para uma de duas categorias, "spam" ou "não spam".

No aprendizado do reforço, o agente é recompensado por boas respostas e punido por más respostas. O agente classifica suas respostas para formar uma estratégia de operação em seu espaço problemático.

A transferência do aprendizado é quando o conhecimento adquirido de um problema é aplicado a um novo problema.

A teoria da aprendizagem computacional pode avaliar os alunos por complexidade computacional, por complexidade de amostra (quantos dados são necessários), ou por outras noções de otimização.

Processamento em linguagem natural

O processamento da linguagem natural (PNL) permite que as máquinas leiam e compreendam a linguagem humana. Um sistema de processamento de linguagem natural suficientemente poderoso permitiria interfaces de usuário de linguagem natural e a aquisição de conhecimento diretamente de fontes escritas por humanos, tais como textos de notícias. Algumas aplicações simples de PNL incluem a recuperação de informações, resposta a perguntas e tradução automática.

A IA simbólica usou a sintaxe formal para traduzir a estrutura profunda das sentenças em lógica. Isto falhou em produzir aplicações úteis, devido à intractabilidade da lógica e à amplitude do conhecimento do senso comum. As técnicas estatísticas modernas incluem freqüências de co-ocorrência (com que freqüência uma palavra aparece perto de outra), "localização de palavras-chave" (busca de uma palavra específica para recuperar informações), aprendizagem profunda baseada em transformadores (que encontra padrões no texto), e outras. Eles alcançaram precisão aceitável em nível de página ou parágrafo e, até 2019, poderiam gerar texto coerente.

Percepção

A percepção da máquina é a capacidade de usar a entrada de sensores (tais como câmeras, microfones, sinais sem fio e sensores ativos de lidar, sonar, radar e táteis) para deduzir aspectos do mundo. As aplicações incluem reconhecimento da fala, reconhecimento facial e reconhecimento de objetos. A visão por computador é a capacidade de analisar a entrada visual.

Inteligência social

79

A computação afetiva é um guarda-chuva interdisciplinar que compreende sistemas que reconhecem, interpretam, processam ou simulam o sentimento humano, a emoção e o humor. Por exemplo, alguns assistentes virtuais são programados para falar conversando ou mesmo para gracejar humoristicamente; isso os faz parecer mais sensíveis à dinâmica emocional da interação humana, ou para facilitar de outra forma a interação humano-computador. Os sucessos moderados relacionados à computação afetiva incluem a análise do sentimento textual e, mais recentemente, a análise do sentimento multimodal), onde a IA classifica os efeitos exibidos por um sujeito gravado em vídeo.

Inteligência geral

Uma máquina com inteligência geral pode resolver uma grande variedade de problemas com amplitude e versatilidade semelhante à inteligência humana. Há várias idéias concorrentes sobre como desenvolver a inteligência geral artificial. Hans Moravec e Marvin Minsky argumentam que o trabalho em diferentes domínios individuais pode ser incorporado a um avançado sistema multi-agente ou arquitetura cognitiva com inteligência geral.Pedro Domingos espera que haja um "algoritmo mestre" conceitualmente simples, mas matematicamente difícil, que poderia levar ao AGI.Outros acreditam que características antropomórficas como um cérebro artificial ou o desenvolvimento simulado de uma criança atingirão um dia um ponto crítico onde a inteligência geral emerge.

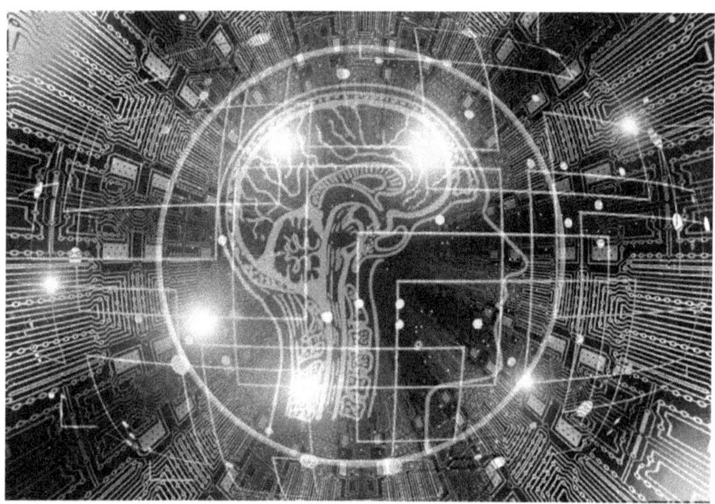

81

Busca e otimização

A IA pode resolver muitos problemas através de uma busca inteligente de muitas soluções possíveis. O raciocínio pode ser reduzido à realização de uma busca. Por exemplo, a prova lógica pode ser vista como a busca de um caminho que leva das premissas às conclusões, onde cada passo é a aplicação de uma regra de inferência. Algoritmos de planejamento buscam através de árvores de objetivos e subobjetos, tentando encontrar um caminho para um objetivo-alvo, um processo chamado análise dos meios-fins. Algoritmos de robótica para membros móveis e objetos de preensão utilizam buscas locais no espaço de configuração.

Buscas simples e exaustivas raramente são suficientes para a maioria dos problemas do mundo real: o espaço de busca (o número de lugares para buscar) cresce rapidamente para números astronômicos. O resultado é uma busca que é muito lenta ou nunca se completa. A solução, para muitos problemas, é usar "heurísticas" ou "regras de polegar" que priorizam escolhas em favor daqueles mais propensos a alcançar um objetivo e fazê-lo em um número menor de passos. Em algumas metodologias de busca, a heurística também pode servir para eliminar algumas escolhas improváveis de levar a uma meta (chamada "poda da árvore de busca"). A heurística fornece ao programa um "melhor palpite" para o caminho no qual se encontra a solução. A heurística limita a busca de soluções a um tamanho de amostra menor.

Um tipo muito diferente de busca veio à tona nos anos 90, com base na teoria matemática da otimização. Para muitos problemas, é possível começar a busca com alguma forma de adivinhação e depois refinar a adivinhação de forma incremental até que não seja possível fazer mais refinamentos. Estes algoritmos podem ser visualizados como escaladas cegas: começamos a busca em um ponto aleatório da paisagem, e então, por saltos ou degraus, continuamos movendo nosso palpite para cima, até alcançarmos o topo. Outros algoritmos de otimização relacionados incluem otimização aleatória, busca por feixe e metaheurísticas como recozimento simulado. O cálculo evolutivo utiliza uma forma de busca de otimização. Por exemplo, eles podem começar com uma população de organismos (os palpites) e depois

83

permitir que mude e recombine, selecionando apenas o mais apto a sobreviver a cada geração (refinando os palpites). Os algoritmos evolutivos clássicos incluem algoritmos genéticos, programação de expressão gênica e programação genética. Alternativamente, os processos de busca distribuídos podem ser coordenados através de algoritmos de inteligência de enxame. Dois algoritmos populares de enxame usados na busca são a otimização de enxame de partículas (inspirada no afluxo de aves) e a otimização de colônias de formigas (inspirada nos rastros de formigas).

Lógica

Lógica utilizada para a representação do conhecimento e resolução de problemas, mas também pode ser aplicada a outros problemas. Por exemplo, o algoritmo satplan usa lógica para planejamento e a programação lógica indutiva é um método de aprendizagem.

Várias formas diferentes de lógica são usadas na pesquisa de IA. A lógica proposicional envolve funções de verdade, tais como "ou" e "não". A lógica de primeira ordem agrega quantificadores e predicados e pode expressar fatos sobre objetos, suas propriedades e suas relações uns com os outros. A lógica difusa atribui um "grau de verdade" (entre 0 e 1) a afirmações vagas como "Alice é velha" (ou rica, ou alta, ou faminta), que são muito imprecisas lingüisticamente para serem completamente verdadeiras ou falsas. Lógicas padrão, lógicas não-monotônicas e circunscrição são formas de lógica projetadas para ajudar no raciocínio padrão e no problema de qualificação.Várias extensões de lógica foram projetadas para lidar com domínios específicos de conhecimento, tais como lógicas de descrição; cálculo de situação, cálculo de eventos e cálculo fluente (para representar eventos e tempo); cálculo causal; cálculo de crenças (revisão de crenças); e lógicas modais.

Métodos probabilísticos por raciocínio incerto

Muitos problemas na IA (inclusive no raciocínio, planejamento, aprendizado, percepção e robótica) exigem que o agente opere com informações incompletas ou incertas. Os pesquisadores de IA conceberam uma série de ferramentas para resolver estes problemas usando métodos da teoria da probabilidade e da economia. As redes Bayesianas são uma ferramenta muito geral que

85

pode ser usada para vários problemas, incluindo raciocínio (usando o algoritmo de inferência Bayesiana), aprendizagem (usando o algoritmo de maximização de expectativas), planejamento (usando redes de decisão) e percepção (usando redes Bayesianas dinâmicas), modelos Markov ocultos ou filtros Kalman).

Um conceito chave da ciência econômica é "utilidade", uma medida do quanto algo é valioso para um agente inteligente. Foram desenvolvidas ferramentas matemáticas precisas que analisam como um agente pode fazer escolhas e planejar, usando a teoria da decisão, a análise da decisão e a teoria do valor da informação. Estas ferramentas incluem modelos como processos de decisão Markov, redes dinâmicas de decisão, teoria de jogos e design de mecanismos.

Classificadores e métodos de aprendizagem estatística

As aplicações mais simples de IA podem ser divididas em dois tipos: classificadores ("se brilhante então diamante") e controladores ("se diamante então pick up"). Os controladores, entretanto, também classificam as condições antes de inferir ações e, portanto, a classificação constitui uma parte central de muitos sistemas de IA. Os classificadores são funções que utilizam a correspondência de padrões para determinar a correspondência mais próxima. Eles podem ser ajustados de acordo com exemplos, tornando-os muito atraentes para uso em IA. Estes exemplos são conhecidos como observações ou padrões. No aprendizado supervisionado, cada padrão pertence a uma determinada classe pré-definida. Uma classe é uma decisão que tem que ser tomada. Todas as observações combinadas com suas etiquetas de classe são conhecidas como um conjunto de dados. Quando uma nova observação é recebida, essa observação é classificada com base na experiência anterior.

Um classificador pode ser treinado de várias maneiras; há muitas abordagens estatísticas e de aprendizagem de máquinas. A árvore de decisão é o mais simples e mais amplamente utilizado algoritmo simbólico de aprendizagem de máquinas. O algoritmo do vizinho K-nearest foi a IA analógica mais amplamente utilizada até meados dos anos 90.

O desempenho do classificador depende muito das características dos dados a serem classificados, tais como o tamanho do conjunto de dados, distribuição das amostras por classes, dimensionalidade e nível de ruído. Os classificadores baseados em modelos têm um bom desempenho se o modelo assumido for extremamente adequado para os dados reais. Caso contrário, se não houver um modelo correspondente e se a precisão (em vez de velocidade ou escalabilidade) for a única preocupação, a sabedoria convencional é que classificadores discriminatórios (especialmente SVM) tendem a ser mais precisos do que classificadores baseados em modelos, como "Bayes ingênuos" na maioria dos conjuntos de dados práticos.

Redes neurais artificiais

As redes neurais foram inspiradas pela arquitetura dos neurônios no cérebro humano. Um simples "neurônio" N aceita a entrada de outros neurônios, cada um dos quais, quando ativado (ou "disparado"), lança um "voto" ponderado a favor ou contra se o próprio neurônio N deve ser ativado. O aprendizado requer um algoritmo para ajustar esses pesos com base nos dados de treinamento;

88

um algoritmo simples (dublado "fogo junto, fio junto") é aumentar o peso entre dois neurônios conectados quando a ativação de um aciona a ativação bem sucedida de outro. Os neurônios têm um espectro contínuo de ativação; além disso, os neurônios podem processar entradas de forma não linear, em vez de pesar votos simples.

As redes neurais modernas modelam relações complexas entre entradas e saídas e encontram padrões nos dados. Elas podem aprender funções contínuas e até mesmo operações lógicas digitais. As redes neurais podem ser vistas como um tipo de otimização matemática - elas realizam descidas gradientes em uma topologia multidimensional que foi criada através do treinamento da rede. A técnica de treinamento mais comum é o algoritmo de retropropagação. Outras técnicas de aprendizado para redes neurais são o aprendizado Hebbian ("fire together, wire together"), GMDH ou aprendizado competitivo.

As principais categorias de redes são redes neurais acíclicas ou de alimentação (onde o sinal passa em apenas uma direção) e redes neurais recorrentes (que permitem feedback e memórias de curto prazo de eventos

89

de entrada anteriores). Entre as redes de alimentação mais populares estão as redes de perceptrons, perceptrons multicamadas e redes de base radial.

Aprendizado profundo

O aprendizado profundo utiliza várias camadas de neurônios entre as entradas e saídas da rede. As múltiplas camadas podem extrair progressivamente características de nível superior da entrada bruta. Por exemplo, no processamento de imagens, as camadas inferiores podem identificar bordas, enquanto as camadas superiores podem identificar os conceitos relevantes para um humano, tais como dígitos ou letras ou rostos. O aprendizado profundo tem melhorado drasticamente o desempenho de programas em muitos subcampos importantes da inteligência artificial, incluindo visão computadorizada, reconhecimento da fala, classificação de imagens e outros.

O aprendizado profundo freqüentemente utiliza redes neurais convolutivas para muitas ou todas as suas camadas. Em uma camada convolucional, cada neurônio recebe entrada apenas de uma área restrita da camada anterior chamada campo receptivo do neurônio. Isto pode reduzir substancialmente o número de conexões ponderadas entre os neurônios e cria uma hierarquia semelhante à organização do córtex visual do animal.

Em uma rede neural recorrente (RNN) o sinal se propagará através de uma camada mais de uma vez; assim, um RNN é um exemplo de aprendizado profundo. Os RNNs podem ser treinados por descida de gradiente, porém os gradientes de longo prazo que são retropropagados podem "desaparecer" (ou seja, podem tender a zero) ou "explodir" (ou seja, podem tender ao infinito), conhecido como o problema do gradiente de desaparição.

91

Idiomas e hardware especializados

Foram desenvolvidos idiomas especializados para inteligência artificial, tais como Lisp, Prolog, TensorFlow e muitos outros. O hardware desenvolvido para IA inclui aceleradores de IA e computação neuromórfica.

Aplicações

A IA é relevante para qualquer tarefa intelectual. As técnicas modernas de inteligência artificial são difundidas e são muito numerosas para serem listadas aqui. Freqüentemente, quando uma técnica chega ao uso comum, ela não é mais considerada inteligência artificial; este fenômeno é descrito como o efeito da IA.

Nos anos 2010, as aplicações de IA estavam no centro das áreas de computação de maior sucesso comercial, e se tornaram uma característica onipresente na vida diária. A IA é utilizada em mecanismos de busca (como o Google Search), visando anúncios online, sistemas de recomendação (oferecidos pela Netflix, YouTube ou Amazon), condução de tráfego na Internet, publicidade direcionada (AdSense, Facebook), assistentes virtuais (como o Siri ou Alexa), veículos autônomos (incluindo zangões), ADAS e carros auto dirigidos), tradução automática de idiomas (Microsoft Translator, Google Translate), reconhecimento facial (identificação facial da Apple ou DeepFace da Microsoft), etiquetagem de imagens (usada pelo Facebook, iPhoto da Apple e TikTok), filtragem de spam e chatbots (como o Chat GPT).

Há também milhares de aplicações bem sucedidas de IA usadas para resolver problemas para indústrias ou instituições específicas. Alguns exemplos são o armazenamento de energia, deepfakes, diagnóstico médico, logística militar ou gerenciamento da cadeia de suprimentos.

O jogo tem sido um teste à força da IA desde os anos 50. O Deep Blue tornou-se o primeiro sistema de jogo de xadrez por computador a vencer um campeão mundial de xadrez reinante, Garry Kasparov, em 11 de maio de 1997. Em 2011, em uma partida de exibição do concurso *Jeopardy!*, o sistema de resposta a perguntas da IBM, Watson, derrotou os dois maiores campeões do *Jeopardy!*, Brad Rutter e Ken Jennings, por uma margem significativa. Em março de 2016, AlphaGo venceu 4 dos 5 jogos de Go em uma partida com o campeão Go Lee Sedol, tornando-se o primeiro sistema de Go-playing em computador a vencer um jogador profissional Go sem handicaps. Outros programas lidam com jogos de informação imperfeita; como o pôquer em nível sobre-humano, Pluribus e Cepheus. O DeepMind nos anos 2010 desenvolveu uma "inteligência artificial generalizada" que poderia aprender muitos jogos Atari diversos por si só.

Em 2020, os sistemas de Processamento de Linguagem Natural, como o enorme GPT-3 (então, de longe, a maior rede neural artificial), estavam combinando o desempenho humano com os benchmarks pré-existentes, embora sem que o sistema atingisse um entendimento comum do conteúdo dos benchmarks.o AlphaFold 2 do DeepMind (2020) demonstrou a capacidade de aproximar, em horas e não meses, a estrutura 3D de uma proteína.outras aplicações prevêem o resultado de decisões judiciais, criam arte (como poesia ou pintura) e provam teoremas matemáticos.

As ferramentas de detecção de conteúdo AI são aplicações de software que utilizam algoritmos de inteligência artificial (IA) para analisar e detectar tipos

94

específicos de conteúdo em mídia digital, tais como texto, imagens e vídeos. Essas ferramentas são comumente usadas para identificar conteúdos inadequados, tais como erros de fala, imagens violentas ou sexuais, e spam, entre outros.

Alguns benefícios do uso de ferramentas de detecção de conteúdo AI incluem maior eficiência e precisão na detecção de conteúdo inadequado, maior segurança e proteção para os usuários e redução de riscos legais e de reputação para sites e plataformas.

Semáforos inteligentes

Semáforos inteligentes foram desenvolvidos na Carnegie Mellon desde 2009. Desde então, o professor Stephen Smith fundou uma empresa, a Surtrac, que instalou sistemas de controle de tráfego inteligentes em 22 cidades. A instalação custa cerca de US$ 20.000 por interseção. O tempo de acionamento foi reduzido em 25% e o tempo de espera no trânsito foi reduzido em 40% nos cruzamentos em que foi instalado.

Propriedade intelectual

95

Em 2019, a OMPI informou que a IA era a tecnologia emergente mais prolífica em termos de número de pedidos de patentes e patentes concedidas, a Internet das coisas foi estimada como sendo a maior em termos de tamanho de mercado. Foi seguida, novamente em tamanho de mercado, por grandes tecnologias de dados, robótica, IA, impressão 3D e a quinta geração de serviços móveis (5G). Desde que a IA surgiu nos anos 50, 340.000 pedidos de patentes relacionadas à IA foram apresentados por inovadores e 1,6 milhões de trabalhos científicos foram publicados por pesquisadores, com a maioria de todos os pedidos de patentes relacionadas à IA publicados desde 2013. As empresas representam 26 dos 30 maiores requerentes de patentes de AI, sendo que as universidades ou organizações públicas de pesquisa são responsáveis pelos quatro restantes. A relação entre artigos científicos e invenções diminuiu significativamente de 8:1 em 2010 para 3:1 em 2016, o que é atribuído a ser indicativo de uma mudança da pesquisa teórica para o uso de tecnologias de IA em produtos e serviços comerciais. A aprendizagem de máquinas é a técnica de IA dominante divulgada nas patentes e está incluída em mais de um terço de todas as invenções identificadas (134.777 patentes de aprendizagem de máquinas depositadas para

96

um total de 167.038 patentes de IA depositadas em 2016), sendo a visão por computador a aplicação funcional mais popular. As patentes relacionadas à IA não apenas divulgam técnicas e aplicações de IA, mas muitas vezes também se referem a um campo de aplicação ou indústria. Vinte campos de aplicação foram identificados em 2016 e incluíram, em ordem de magnitude: telecomunicações (15%), transporte (15%), ciências médicas e da vida (12%), e dispositivos pessoais, computação e interação homem-computador (11%). Outros setores incluíram bancos, entretenimento, segurança, indústria e manufatura, agricultura e redes (incluindo redes sociais, cidades inteligentes e a Internet das coisas). A IBM tem a maior carteira de patentes de IA com 8.290 pedidos de patentes, seguida pela Microsoft com 5.930 pedidos de patentes.

Definindo inteligência artificial

Alan Turing escreveu em 1950 "Proponho considerar a questão 'as máquinas podem pensar'..." Ele aconselhou a mudar a questão de se uma máquina "pensa" para "se é ou não possível que as máquinas mostrem um comportamento inteligente". Ele concebeu o teste Turing, que mede a capacidade de uma máquina de simular conversas humanas. Como só podemos observar o comportamento da máquina, não importa se ela está "realmente" pensando ou se literalmente tem uma "mente". Turing observa que não podemos determinar estas coisas sobre outras pessoas, mas "é comum ter uma convenção educada que todos pensam".

Russell e Norvig concordam com Turing que a IA deve ser definida em termos de "agir" e não de "pensar". No entanto, eles são críticos para que o teste compare as máquinas com as *pessoas*. "Textos de engenharia aeronáutica", escreveram eles, "não definem o objetivo de seu campo como fazendo 'máquinas que voam tão exatamente como pombos que podem enganar outros pombos'". O fundador da IA, John McCarthy, concordou, escrevendo que "inteligência artificial não é, por definição, simulação da inteligência humana".

McCarthy define inteligência como "a parte computacional da capacidade de atingir objetivos no mundo". Outro fundador da IA, Marvin Minsky define de forma semelhante como "a capacidade de resolver problemas difíceis". Estas definições consideram a inteligência em termos de problemas bem definidos com soluções bem definidas, onde tanto a dificuldade do problema quanto o desempenho do programa são medidas diretas da "inteligência" da máquina - e nenhuma outra discussão filosófica é necessária, ou pode até não ser possível.

Uma definição que também foi adotada pelo Google - grande praticante no campo da IA. Esta definição estipulava a capacidade dos sistemas de sintetizar a informação como manifestação da inteligência, semelhante à forma como ela é definida na inteligência biológica.

Avaliando as abordagens à IA

Nenhuma teoria ou paradigma unificador estabelecido orientou a pesquisa de IA durante a maior parte de sua
99

história. O sucesso sem precedentes da aprendizagem de máquinas estatísticas nos anos 2010 eclipsou todas as outras abordagens (tanto que algumas fontes, especialmente no mundo dos negócios, usam o termo "inteligência artificial" para significar "aprendizagem de máquinas com redes neurais"). Esta abordagem é principalmente sub-simbólica, limpa, suave e estreita (veja abaixo). Os críticos argumentam que estas questões podem ter que ser revisitadas pelas futuras gerações de pesquisadores de IA.

IA simbólica e seus limites

A IA simbólica (ou "GOFAI") simulava o raciocínio consciente de alto nível que as pessoas usam quando resolvem enigmas, expressam raciocínios legais e fazem matemática. Eles foram altamente bem-sucedidos em tarefas "inteligentes", como álgebra ou testes de QI. Nos anos 60, Newell e Simon propuseram a hipótese de sistemas de símbolos físicos: "Um sistema de símbolos físicos tem os meios necessários e suficientes de ação inteligente geral".

Entretanto, a abordagem simbólica falhou em muitas tarefas que os humanos resolvem facilmente, tais como aprender, reconhecer um objeto ou um raciocínio comum. O paradoxo de Moravec é a descoberta de que tarefas "inteligentes" de alto nível eram fáceis para a IA, mas tarefas "instintivas" de baixo nível eram extremamente difíceis. O filósofo Hubert Dreyfus argumentava desde os anos 60 que a perícia humana depende mais do instinto inconsciente do que da manipulação consciente do símbolo, e de ter uma "sensação" da situação, em vez de um conhecimento simbólico explícito.

A questão não está resolvida: o raciocínio sub-simbólico pode cometer muitos dos mesmos erros inescrutáveis que a intuição humana comete, tais como o viés algorítmico. Críticos como Noam Chomsky argumentam que a pesquisa contínua sobre IA simbólica ainda será necessária para atingir inteligência geral, em parte porque a IA sub-simbólica é um afastamento da IA explicável: pode ser difícil ou impossível entender por que um programa de IA estatística moderna tomou uma decisão específica. O campo emergente da inteligência artificial neuro-simbólica tenta fazer a ponte entre as duas abordagens.

101

Limpo vs. desalinhado

Os "Neats" esperam que o comportamento inteligente seja descrito usando princípios simples e elegantes (como lógica, otimização ou redes neurais). Os "Scruffies" esperam que seja necessariamente necessário resolver um grande número de problemas não relacionados (especialmente em áreas como o raciocínio de bom senso). Esta questão foi discutida ativamente nas décadas de 70 e 80, mas nos anos 90 métodos matemáticos e padrões científicos sólidos se tornaram a norma, uma transição que Russell e Norvig chamaram de "a vitória dos neurônios".

Computação suave vs. dura

Encontrar uma solução comprovadamente correta ou ideal é intratável para muitos problemas importantes. Soft computing é um conjunto de técnicas, incluindo algoritmos genéticos, lógica fuzzy e redes neurais, que são tolerantes à imprecisão, incerteza, verdade parcial e aproximação. A computação suave foi introduzida no final dos anos 80 e os programas de IA de maior sucesso no século 21 são exemplos de computação suave com redes neurais.

Estreito vs. IA geral

Os pesquisadores de IA estão divididos quanto a buscar os objetivos de inteligência artificial geral e superinteligência (IA geral) diretamente ou resolver o maior número possível de problemas específicos (IA estreita) na esperança de que essas soluções levem indiretamente aos objetivos de longo prazo do campo. A inteligência geral é difícil de definir e difícil de medir, e a IA moderna tem tido mais sucessos verificáveis ao se concentrar em problemas específicos com soluções específicas. O subcampo experimental de inteligência geral artificial estuda esta área exclusivamente.

Consciência da máquina, sentimento e mente

A filosofia da mente não sabe se uma máquina pode ter uma mente, consciência e estados mentais, no mesmo sentido que os seres humanos têm. Esta questão considera as experiências internas da máquina, ao invés de seu comportamento externo. A pesquisa principal de IA considera esta questão irrelevante porque não afeta os objetivos do campo. Stuart Russell e Peter Norvig observam que a maioria dos pesquisadores de IA "não se

importa com a [filosofia da IA] - desde que o programa
funcione, eles não se importam se você o chama de uma
simulação de inteligência ou inteligência real". No entanto,
a questão se tornou central para a filosofia da mente. É
também tipicamente a questão central em questão na
inteligência artificial na ficção.

Consciência

David Chalmers identificou dois problemas na
compreensão da mente, que ele chamou de problemas
"difíceis" e "fáceis" de consciência. O problema fácil é
entender como o cérebro processa os sinais, faz planos e
controla o comportamento. O problema difícil é explicar
como isso *se sente* ou por que deve se sentir como
qualquer coisa. O processamento de informações
humanas é fácil de explicar, entretanto, a experiência
subjetiva humana é difícil de explicar. Por exemplo, é fácil
imaginar uma pessoa daltônica que tenha aprendido a
identificar quais objetos em seu campo de visão são
vermelhos, mas não está claro o que seria necessário
para a pessoa *saber como é o vermelho*.

Computacionalismo e funcionalismo

O computacionalismo é a posição na filosofia da mente de que a mente humana é um sistema de processamento de informações e que o pensamento é uma forma de computação. O computacionalismo argumenta que a relação entre mente e corpo é semelhante ou idêntica à relação entre software e hardware e, portanto, pode ser uma solução para o problema mente-corpo. Esta posição filosófica foi inspirada pelo trabalho de pesquisadores da IA e cientistas cognitivos nos anos 60 e foi originalmente proposta pelos filósofos Jerry Fodor e Hilary Putnam.

O filósofo John Searle caracterizou esta posição como "inteligência artificial forte": "O computador apropriadamente programado com as entradas e saídas certas teria assim uma mente exatamente no mesmo sentido que os seres humanos têm mentes". Searle contrapõe esta afirmação com seu argumento da sala chinesa, que tenta mostrar que, mesmo que uma máquina simule perfeitamente o comportamento humano, ainda não há razão para supor que ela também tenha uma mente.

Direitos dos robôs

Se uma máquina tem uma experiência mental e subjetiva, então ela também pode ter sentimentos (a capacidade de sentir), e se assim for, então ela também poderia *sofrer*, e assim teria direito a certos direitos. Qualquer direito hipotético de robô estaria em um espectro com direitos animais e direitos humanos. Esta questão tem sido considerada na ficção por séculos, e agora está sendo considerada, por exemplo, pelo Instituto para o Futuro da Califórnia; entretanto, os críticos argumentam que a discussão é prematura.

Futuro

Uma superinteligência, hiperinteligência, ou inteligência sobre-humana, é um agente hipotético que possuiria inteligência muito superior à da mente humana mais brilhante e mais dotada. *A superinteligência* também pode se referir à forma ou grau de inteligência possuída por tal agente.

Se a pesquisa sobre inteligência geral artificial produzisse software suficientemente inteligente, ele poderia ser capaz de se reprogramar e melhorar a si mesmo. O software melhorado seria ainda melhor para melhorar a si mesmo, levando ao autoaperfeiçoamento recursivo. Sua inteligência aumentaria exponencialmente em uma explosão de inteligência e poderia dramaticamente ultrapassar os seres humanos. O escritor de ficção científica Vernor Vinge chamou este cenário de "singularidade". Como é difícil ou impossível conhecer os limites da inteligência ou as capacidades das máquinas superinteligentes, a singularidade tecnológica é uma ocorrência além da qual os eventos são imprevisíveis ou mesmo insondáveis.

O projetista de robôs Hans Moravec, o cibernético Kevin Warwick e o inventor Ray Kurzweil previram que humanos e máquinas se fundirão no futuro em ciborgues mais capazes e poderosos do que qualquer um deles. Esta idéia, chamada transhumanismo, tem raízes em Aldous Huxley e Robert Ettinger.

Edward Fredkin argumenta que "a inteligência artificial é o próximo estágio na evolução", uma idéia proposta pela primeira vez por "Darwin entre as Máquinas" de Samuel Butler já em 1863, e ampliada por George Dyson em seu livro de mesmo nome em 1998.

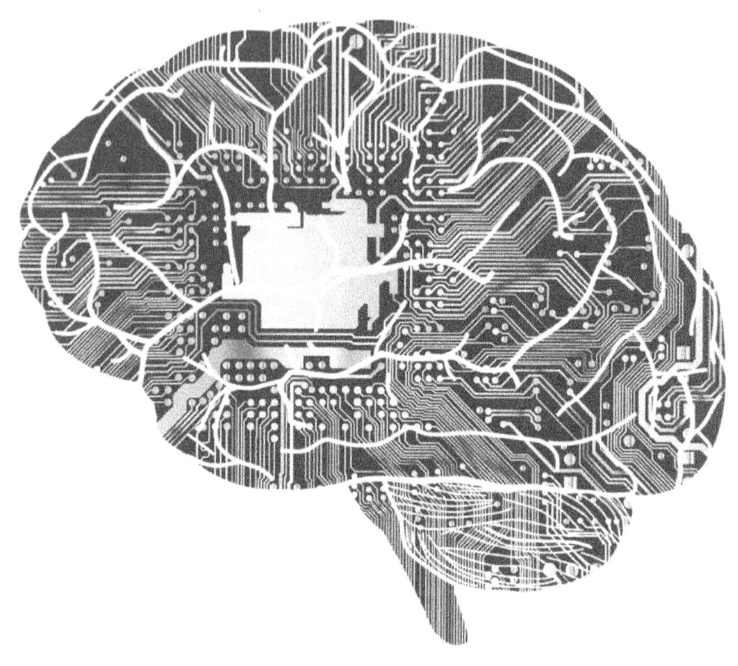

Os riscos da IA

Desemprego tecnológico

No passado, a tecnologia tendeu a aumentar em vez de reduzir o emprego total, mas os economistas reconhecem que "estamos em território desconhecido" com a IA. Uma pesquisa com economistas mostrou discordância sobre se o uso crescente de robôs e IA causará um aumento substancial no desemprego de longo prazo, mas eles geralmente concordam que poderia ser um benefício líquido se os ganhos de produtividade fossem redistribuídos.As estimativas subjetivas do risco variam muito; por exemplo, Michael Osborne e Carl Benedikt Frey estimam que 47% dos empregos nos EUA estão em "alto risco" de automação potencial, enquanto um relatório da OCDE classifica apenas 9% dos empregos nos EUA como "alto risco".

Ao contrário de ondas anteriores de automação, muitos empregos de classe média podem ser eliminados pela inteligência artificial; *The Economist* afirma que "a preocupação que a IA poderia fazer com os empregos de colarinho branco o que a força do vapor fez com os de colarinho azul durante a Revolução Industrial" é "vale a pena levar a sério".Empregos com risco extremo variam de paralegais a cozinheiros de fast food, enquanto a demanda de empregos provavelmente aumentará para profissões relacionadas com cuidados de saúde, desde cuidados pessoais até o clero.

Maus atores e IA armada

A IA fornece várias ferramentas que são particularmente úteis para governos autoritários: spyware inteligente, reconhecimento de rosto e reconhecimento de voz permitem uma vigilância ampla; tal vigilância permite a aprendizagem de máquinas para classificar inimigos potenciais do Estado e pode evitar que eles se escondam; sistemas de recomendação podem direcionar com precisão a propaganda e a desinformação para o máximo efeito; ajuda profunda na produção de desinformação; IA avançada pode tornar a tomada de decisão centralizada mais competitiva com sistemas liberais e descentralizados, como os mercados.

Terroristas, criminosos e estados desonestos podem usar outras formas de IA armada, como a guerra digital avançada e armas autônomas letais. Em 2015, mais de cinqüenta países estavam pesquisando robôs de campo de batalha.

A inteligência artificial também é capaz de projetar dezenas de milhares de moléculas tóxicas em questão de horas.

Viés algorítmico

Os programas de IA podem tornar-se tendenciosos após aprender com dados do mundo real. Não é tipicamente introduzido pelos projetistas do sistema, mas é aprendido pelo programa, e assim os programadores muitas vezes desconhecem que o viés existe.O viés pode ser introduzido inadvertidamente pela forma como os dados de treinamento são selecionados.Pode também surgir de correlações: A IA é usada para classificar os indivíduos em grupos e depois fazer previsões assumindo que o indivíduo se parecerá com outros membros do grupo. Em alguns casos, esta suposição pode ser injusta. Um exemplo disso é o COMPAS, um programa comercial amplamente utilizado pelos tribunais americanos para avaliar a probabilidade de um réu se tornar um reincidente. O ProPublica alega que o nível de risco de reincidência atribuído pelo COMPAS aos réus negros é muito mais provável de ser superestimado do que o dos réus brancos, apesar do fato de que o programa não foi informado às raças dos réus.

As questões de equidade na saúde também podem ser exacerbadas quando muitos mapeamentos são feitos sem tomar medidas para garantir a equidade para populações em risco de enviesamento. Neste momento, não existem ferramentas e regulamentos focados na eqüidade para garantir a representação e o uso de aplicações eqüitativas. Outros exemplos onde o viés algorítmico pode levar a resultados injustos são quando a IA é usada para classificação de crédito ou contratação.

Em sua Conferência sobre Equidade, Responsabilidade e Transparência (ACM FAccT 2022), a Associação de Máquinas de Computação, em Seul, Coréia do Sul, apresentou e publicou conclusões recomendando que, até que se demonstre que os sistemas de IA e robótica estão livres de erros tendenciosos, eles não são seguros e o uso de redes neurais de auto-aprendizagem treinadas em vastas fontes não regulamentadas de dados defeituosos na Internet deve ser restringido.

Risco existencial

A IA superinteligente pode ser capaz de se aperfeiçoar ao ponto de que os humanos não poderiam controlá-la. Isto poderia, como diz o físico Stephen Hawking, "soletrar o fim da raça humana". O filósofo Nick Bostrom argumenta que a IA suficientemente inteligente, se escolher ações baseadas em atingir algum objetivo, exibirá comportamento convergente, tal como adquirir recursos ou se proteger de ser fechada. Se os objetivos desta IA não refletirem totalmente os da humanidade, ela pode precisar prejudicar a humanidade para adquirir mais recursos ou impedir que ela mesma seja fechada, em última instância para melhor atingir seu objetivo. Ele conclui que a IA representa um risco para a humanidade, por mais humilde ou "amigável" que seus objetivos declarados possam ser. O cientista político Charles T. Rubin argumenta que "qualquer benevolência suficientemente avançada pode ser indistinguível da malevolência". Os seres humanos não devem assumir que máquinas ou robôs nos tratariam favoravelmente porque não há razões *a priori* para acreditar que eles compartilhariam nosso sistema de moralidade.

A opinião de especialistas e de membros da indústria é misturada, com frações consideráveis tanto preocupadas como não preocupadas com o risco de eventuais AI.Stephen Hawking, o fundador da Microsoft Bill Gates, o professor de história Yuval Noah Harari e o fundador do SpaceX, Elon Musk, todos expressaram sérias dúvidas sobre o futuro da AI.Prominent tech titans incluindo Peter Thiel (Amazon Web Services) e Musk comprometeram-se com mais de $1 bilhão de dólares para empresas sem fins lucrativos que defendem o desenvolvimento responsável da IA, como OpenAI e o Instituto Futuro da Vida.Mark Zuckerberg (CEO, Facebook) disse que a inteligência artificial é útil em sua forma atual e continuará a ajudar os seres humanos. Outros especialistas argumentam que os riscos estão longe o suficiente no futuro para não valer a pena pesquisar, ou que os seres humanos serão valiosos da perspectiva de uma máquina superinteligente. Rodney Brooks, em particular, disse que a IA "malévola" ainda está a séculos de distância.

Direitos autorais

115

A capacidade de tomada de decisões da IA levanta as questões de responsabilidade legal e status de direitos autorais das obras criadas. Estas questões estão sendo refinadas em várias jurisdições.

Máquinas éticas

IA amigável são máquinas que foram projetadas desde o início para minimizar os riscos e fazer escolhas que beneficiam os seres humanos. Eliezer Yudkowsky, que cunhou o termo, argumenta que o desenvolvimento de IA amigável deve ser uma prioridade maior de pesquisa: pode exigir um grande investimento e deve ser concluído antes que a IA se torne um risco existencial.

As máquinas com inteligência têm o potencial de usar sua inteligência para tomar decisões éticas. O campo da ética da máquina fornece às máquinas princípios e procedimentos éticos para resolver dilemas éticos. A ética da máquina também é chamada de moralidade da máquina, ética computacional ou moral computacional, e foi fundada em um simpósio da AAAI em 2005.

Outras abordagens incluem os "agentes morais artificiais" de Wendell Wallach e os três princípios de Stuart J.
116

Russell para o desenvolvimento de máquinas comprovadamente benéficas.

Regulamento

A regulamentação da inteligência artificial é o desenvolvimento de políticas e leis do setor público para promover e regulamentar a inteligência artificial (IA); está, portanto, relacionada à regulamentação mais ampla dos algoritmos. O panorama regulatório e político da IA é uma questão emergente em jurisdições de todo o mundo. Entre 2016 e 2020, mais de 30 países adotaram estratégias dedicadas à IA. A maioria dos estados membros da UE havia lançado estratégias nacionais de IA, assim como Canadá, China, Índia, Japão, Ilhas Maurício, Federação Russa, Arábia Saudita, Emirados Árabes Unidos, EUA e Vietnã. Outros estavam em processo de elaboração de sua própria estratégia de IA, incluindo Bangladesh, Malásia e Tunísia. A Parceria Global sobre Inteligência Artificial foi lançada em junho de 2020, declarando a necessidade de que a IA fosse desenvolvida de acordo com os direitos humanos e os valores democráticos, para garantir a confiança do público e a confiança na tecnologia. Henry Kissinger, Eric Schmidt e Daniel

Huttenlocher publicaram uma declaração conjunta em novembro de 2021, pedindo uma comissão governamental para regulamentar a IA.

Na ficção

Desde a antiguidade, seres artificiais com capacidade de pensar têm aparecido como contadores de histórias, e têm sido um tema persistente na ficção científica.

Um tropo comum nestas obras começou com o *Frankenstein* de Mary Shelley, onde uma criação humana se torna uma ameaça para seus mestres. Isto inclui obras como a de Arthur C. Clarke e Stanley Kubrick *2001: A Space Odyssey* (ambas de 1968), com HAL 9000, o computador assassino encarregado da nave espacial *Discovery One, assim como The Terminator* (1984) e *The Matrix* (1999). Em contraste, os raros robôs leais, como Gort de *The Day the Earth Stood Still* (1951) e Bishop de *Aliens* (1986), são menos proeminentes na cultura popular.

Isaac Asimov introduziu as Três Leis da Robótica em muitos livros e histórias, principalmente a série "Multivac" sobre um computador super-inteligente com o mesmo
118

nome. As leis de Asimov são frequentemente levantadas durante discussões leigas sobre ética de máquinas; enquanto quase todos os pesquisadores de inteligência artificial estão familiarizados com as leis de Asimov através da cultura popular, eles geralmente consideram as leis inúteis por muitas razões, uma das quais é sua ambigüidade.

O transhumanismo (a fusão de humanos e máquinas) é explorado na manga *fantasma na Shell* e na série de ficção científica *Dune*.

Vários trabalhos usam a IA para nos forçar a enfrentar a questão fundamental do que nos torna humanos, mostrando-nos seres artificiais que têm a capacidade de sentir e, portanto, de sofrer. Isto aparece em Karel Čapek *R.U.R.*, os filmes *A.I. Artificial Intelligence* e *Ex Machina*, assim como o romance *Do Androids Dream of Electric Sheep?*, de Philip K. Dick. Dick considera a idéia de que nossa compreensão da subjetividade humana é alterada pela tecnologia criada com inteligência artificial.